如何玩好
德州扑克单桌赛

科林·莫什曼／著　孙培源／译

成都时代出版社
CHENGDU TIMES PRESS

图书在版编目（CIP）数据

如何玩好德州扑克单桌赛/(美)科林·莫什曼著；孙培源译. -- 成都：成都时代出版社，2018.6
ISBN 978-7-5464-2079-0

Ⅰ.①如… Ⅱ.①科… ②孙… Ⅲ.①扑克—基本知识 Ⅳ.①G892.1

中国版本图书馆CIP数据核字(2018)第071244号

四川省版权局著作权合同登记章图进字21-2015-41号
© Two Plus Two Publishing（2015.11.01）

如何玩好德州扑克单桌赛
RUHE WANHAO DEZHOU PUKE DANZHUO SAI

科林·莫什曼 著　孙培源 译

出 品 人	石碧川
责任编辑	李　林
责任校对	李　航
装帧设计	曹晓丽
电脑制作	原创动力平面设计
责任印制	唐莹莹

出版发行	成都时代出版社
电　　话	（028）86619530（编辑部）
	（028）86615250（发行部）
网　　址	www.chengdusd.com
印　　刷	成都市书林印刷厂
规　　格	170mm×230mm
印　　张	16
字　　数	180千
版　　次	2018年6月第1版
印　　次	2018年6月第1次印刷
书　　号	ISBN 978-7-5464-2079-0
定　　价	58.00元

著作权所有·违者必究。
本书若出现印装质量问题，请与工厂联系。电话（028）87481198

致
令人愉悦的德州扑克单桌赛

你如此眷顾我，
给我带来了财富，
现在，
请允许我回馈给我的读者。

目 录

译者序	8
关于作者	12
致 谢	13
全书简介	14

第一部分　低盲注策略　　16

1. 引言	001
2. 几个关键的扑克概念	002
锦标赛权益	002
底池赔率（Pot Odds）	007
筹码期望价值	010
攻击性原则	012
3. 低盲注阶段的翻牌前打法	013
强牌	014
投机牌	026
后位的价值起手牌	030
4. 低盲注阶段的翻牌后打法	034
5. 低盲注阶段策略：总结	052

第二部分　中等盲注策略　　054

1. 引言	055
2. 中等盲注级别的起手牌	056

超强牌	056
投机牌	060
偷盲的起手牌	065
3．偷盲和反偷盲	**078**
价值加注和偷盲加注的区别	078
反偷盲（Rs-Steal，RS）	079
4．攻击被动和频繁加注的对手	**087**
高盲注溜入者（HBLs）	087
有多个高盲注溜入者的情况	091
诈唬	096
翻牌后的进攻型打法	099
5．中盲注阶段重要的观念	**103**
独立筹码模型（ICM）	103
如何对抗紧凶的对手	108
根据对手筹码进行打法调整：中盲注阶段	110
6．总结中盲注阶段策略	**112**

第三部分　高盲注玩法　　　　　　　113

1．引言	114
2．高盲注阶段策略	114
单桌锦标赛高盲注阶段的基本原理：	114
如何不被盲注吞噬	118
高盲注阶段的反偷盲	122

是否有底注：相应的策略调整	125
5. 高盲注阶段的关键理念	**129**
泡沫阶段的玩法	129
高盲注阶段关注盲注位的筹码量	137
特殊战术：停止翻牌前的进攻	140
含蓄的共谋	141
翻牌前的一种加注方式：不用全部筹码但相当于全下	145
在大盲位要敢于对被动的对手进行攻击	147
4. 全下跟注和有利可图的"被动"玩法	**148**
在大盲位跟注短筹码的全下	148
对大的翻牌前全下的跟注	151
当只有极少筹码时（2倍大盲或更少）	154
高盲注阶段不应该攻击被动玩家的情况	161
5. 短桌游戏	**165**
在小盲注溜入偷取盲注	165
三人游戏	167
单挑	171
6. 泡沫期不同筹码的不同策略	**181**
玩家A的策略	181
玩家B的策略	184
玩家C的策略	185
玩家D的策略	189
7. 高盲注玩法：总结	**190**

第四部分　关于单桌锦标赛的其他重要主题　　191

1. 前言　　192
2. 单桌赛和其他形式德州扑克游戏的比较　　193

单桌赛（SnG）和多桌赛（MTT）的区别　　193

单桌赛和现金桌的差异　　195

赢者通吃（Winner-Take-All）单桌赛　　195

3. 一些能够增加盈利的技巧和技术　　201

阅读对手的技巧　　201

亮牌　　204

同时玩多桌　　206

4. 线上单桌锦标赛注意事项　　208

从11美元买入到530美元买入（或更多）的单桌赛的区别　　208

牌桌选择　　208

单桌锦标赛的资金管理　　210

5. 单桌锦标赛中的心理学　　212

决策过程中的心理因素　　212

要提前想好下一个行动　　214

附录A　起手牌概率　　217

附录B　应全下的起手牌范围　　219

附录C　听牌的概率　　222

附录D　翻牌前全下时不同起手牌的获胜概率　　225

附录E　你的牌对抗随机起手牌的胜率　　226

附录F　最后的牌例：泡沫期短筹码打法　　227

译者序

一

越来越多的人爱上德州扑克，这是一种趋势。

实际上，通过科学合理的规则设计，德州扑克游戏可以成为投资、创业、商业、心理等领域进行辅助培训的工具。2012年，美国麻省理工大学（MIT）曾推出一门针对研究生的扑克课程，广受好评。

德州扑克的游戏方式有两种，一种是现金桌，适合在家庭休闲、私人聚会时娱乐；还有一种是以体育竞技方式进行，即德州扑克锦标赛，这种游戏方式更加规范，充满了竞技体育"更快、更高、更强"的顽强拼搏精神。

从德州扑克的发展脉络看，最近二十年之所以在全球范围内得到如此迅猛的发展，成为智力竞技比赛中引人注目的项目之一，应该说有内因和外因两个方面。

从内部因素看，一是德州扑克是所有棋牌类游戏中将技术和运气两个因素融合得最恰当的游戏。围棋、国际象棋等技术成分太重，玩家水平泾渭分明；梭哈、斗地主等运气成分太重，技术含量不足；德州扑克以技术为主，又受运气影响，这正是其风靡全球而且经久不衰的根本原因。二是德州扑克锦标赛这种组织形式得到了扑克爱好者的认可和追捧。从全世界范围看，以世界扑克系列赛（WSOP，2017年腾讯已经与WSOP

全面合作)、世界扑克巡回赛（WPT，2015年已经被联众全资收购）和扑克之星全球冠军赛(即原来的欧洲扑克巡回赛EPT)为标志的大型赛事,每年在世界各地举办,获得一条金手链对德州扑克爱好者而言已经成为一种至高荣誉。在亚洲地区,我国澳门、三亚、北京等地每年也举办多项大赛,红龙杯、ACOP、WPT中国赛等赛事越来越有广泛的国际影响力,也吸引了越来越多的国内德州扑克爱好者前往参赛。

从外部因素看,移动互联网所带动的在线游戏发展和电视转播带来的巨大商业效应是德州扑克锦标赛影响力不断扩大的催化剂。国际上的大型扑克比赛,已经产生了巨大的商业价值,可以带动当地酒店业、旅游业、娱乐业、广告业的发展。可以说,正是这些附加值的产生,才使得以德州扑克为核心的扑克竞技产业成为近年来发展较快的娱乐产业之一。

二

令人欣喜的是,德州扑克在国内广泛流行的同时,国家也在积极支持智力体育产业健康发展,促进体育消费。2014年9月的国务院常务会议决定取消商业性和群众性体育赛事审批,推动各种体育资源"活"起来,适应群众多样化、个性化的需求。

德州扑克要在国内得到健康、有序的发展,应该大力倡导锦标赛形式的扑克竞技运动,引导德州扑克爱好者参与到扑克锦标赛中。毋庸讳言,现金桌游戏容易调动参与者的积极性,往往会不断增大游戏的盲注和买入金额。但德州扑克锦标赛并不存在这个问题。在过去几年的实践中，我深深感到，无论多大规模的扑克锦标赛，体育竞技带来的荣誉感会让所有参赛者更注重参与本身所带来的快乐和激情，相比之下，物质回报不是特别重要，这无疑是更适合绝大多数德州扑克爱好者。

基于此，在翻译出版完"哈林顿系列图书"（《哈林顿在现金桌：如何玩好无限注德州扑克》和《哈林顿在锦标赛：无限注德州扑克高级策略》）之后，现在给广大德州扑克爱好者送上这本《如何玩好德州扑克单桌赛》。

德州扑克单桌赛（SNG），就是规模最小的德州扑克锦标赛，参加人数不超过10人，是非常适合家庭团聚、朋友聚会、公司活动时进行的扑克娱乐方式。自从德州扑克在国内流行开来后，大部分人更喜欢现金桌游戏，因为所有人都能一直在牌桌上玩下去。但实际上，这种游戏方式对于不懂资金管理、心性还不稳定成熟的年轻人来说，弊大于利，可能让人痴迷其中，而单桌赛形式则几乎没有这些问题，可以让人更好地感受德州扑克的魅力，获得更多人生感悟。在此，我郑重向德州扑克爱好者推荐单桌赛这种游戏方式。

科林·莫什曼写的这本书，水平非常高，对不同盲注阶段如何打好SNG给出了非常棒的分析，几乎囊括了单桌赛全部精华内容。如果国内的德州扑克爱好者能认真地反复阅读这本书，一定会把自己的德州扑克水平提高到全新的高度，朋友聚会时你所展现的出色牌技且能把其中蕴含的道理娓娓道来的能力，一定会让别人对你刮目相看，成为"聚会明星"。

三

  这本书的翻译出版，得到了诸多朋友的支持和帮助，在此表示深深地感谢。刘凤元在促进国际合作上给予了很多帮助，且与刘曦参与了本书初稿翻译工作，干燕飞女士持续的鼓励是这本书能够翻译出版的直接动力，没有他们的协助，我很难坚持利用业余时间把这本书翻译完成。周杨一直是丛书的第一个读者并指出译稿中的错误，谢吉平、王明寿、徐利勇、张传法、孔意等朋友对丛书给予了很好的建议，孟力、吴金宫、秦颖、吴彦霖、程冬、钟杵、谢超、李征、陈坤、刘志勇、刘继武等朋友对我从事德州扑克研究工作一直给我很多鼓励，刘雪梅、朱鹭佳、陈鹏、江志斌、王谊楠、高永钰、杜磊、王森林、戚保华、王中宝、焦学军、谢兴邦等朋友都是和我一起进行德州扑克单桌赛的实践者，为我带来了美好的竞技享受。还有更多朋友的关心和帮助，在此不再一一列出。

  译术有限，妙趣无穷。是为序。

孙培源

2017 年 10 月

关于作者

科林·莫什曼（Collin Moshman）2003年毕业于加州理工学院，获得理论数学学士学位。毕业当年，他就开始玩0.1～0.25美元的无限注德州扑克现金桌和6美元买入的单桌锦标赛。当他在包括最高买入215美元的各级别单桌锦标赛中稳定盈利后，他决定放弃攻读经济学硕士学位，开始全职从事德州扑克单桌赛，并且持续取得了出色的成绩，成为一名优秀的德州扑克单桌赛专业牌手。

除了德州扑克，科林·莫什曼兴趣广泛。在剑桥大学学习期间，科林和他父亲一起造访了苏格兰，举起了著名的苏格兰勇士石（Clach Cuidfir）。他的壮举被详细记录在2003年6月的《MILO之力杂志》上，文章的名字是"上举之旅"。他的其他兴趣爱好还包括壁球、家庭扑克游戏、自由市场经济学研究、19世纪的音乐等。

当然，科林有类似于著名牌手斯图·昂加尔（Stu Ungar）的气质，愿意和朋友"打赌"。比如，他和他喜欢艺术的女友凯蒂（Katie）打赌，看看是他教她玩扑克教得好，还是她教他唱歌教得更好。当然，现在科林觉得，除了突然让他迷上了弗兰克·西纳特拉（Frank Sinatra）的歌声外，这个打赌对他简直是一个枷锁。

好了，在了解了科林·莫什曼这个有趣的家伙后，让我们开始跟他学习如何玩好德州扑克单桌赛吧。

致　谢

衷心感谢梅森（Mason）、大卫（David）和 2+2 出版公司在本书编辑过程中给予的非常有价值的建议，还要感谢所有的扑克前辈、软件提供商、论坛组织者以及所有为单桌锦标赛这一充满生机和活力的扑克竞技运动作出过贡献的人们。

我要感谢我的父母，塔玛拉（Tamara）和马克（Marc），我还要感谢我的朋友和家人的支持，特别是丹（Dan）和艾德（Ed）。我还要特别感谢我的哥哥杰西（Jesse），他和我玩了无数的单挑游戏，并教我如何玩单挑，让我理解到积极进攻的玩家更有可能成为赢家。

还要衷心感谢凯蒂，她自始至终支持这本书的写作。最后，还要感谢杰姆斯·阿诺特（James Arnote），他参加了 2+2 出版公司组织的图书封面设计比赛并获奖，该获奖作品成为了本书的封面。看上去很棒！

全书简介

德州扑克单桌锦标赛（Sit-n-Go，以下简称 SnG）是由 9 个或 10 个玩家参加的锦标赛（当然，更少的玩家也可以，获奖人员可以适当减少），前三名获得奖励。

单桌锦标赛不会奖励早期的筹码最多者或长期领先者，而是以最终结果决定奖励对象，如果你要得到奖励，就要看你还存活在游戏中的时候，有多少人已经被淘汰。以 10 人为例：

1. 如果已经淘汰了 0-6 位选手，这时你也被淘汰出局了，你什么也赢不到。

2. 如果在 7 名选手被淘汰后，你被淘汰出局，你将赢得总奖金的 20%。

3. 如果 8 名选手被淘汰后你才出局，你将赢得总奖金的 30%。

4. 如果你是"活"到最后的一名选手，你将赢得总奖金的 50%。

玩这个游戏的总体策略是，盲注小的时候要玩得非常谨慎，你卷入的任何底池都有把你在早期淘汰出局的风险。而当盲注很大时，要富有攻击性，尽量掠夺底池筹码。这是看上去简单，却非常有效的方法。

具体来讲，你应该：

1. 当盲注很低时，只玩你认为有利可图的牌，除非你认为获胜的机会很大，否则避免卷入大底池。

2. 当盲注进入中等水平时，在后位拿着不错的牌要开始偷盲或反偷盲。

3. 当盲注很高时，要经常通过大的加注赢取底池。如果有必要，即使拿着边缘牌（通常情况下不玩的牌），也要加注夺取盲注。

本书的前三部分给出低盲注、中盲注和高盲注时的具体玩法，剩下的章节谈一些对单桌锦标赛专业牌手非常重要的主题，诸如开多桌、牌桌选择、资金管理等。在正式开始前，先提醒大家注意本书在书写方面的一些惯例：

注意：本书为了简洁且不易混淆，会把"锦标赛里的筹码量X"写为"X"。并通过在玩家称呼后加括号的方式体现筹码数，如按钮位（3200），表示按钮位玩家有筹码3200。而当说"X美元"时，则是指真实货币。相信大家通过上下文的语境能够准确分辨出来。

书中牌例使用的默认盲注结构是常规的10人快速单桌赛结构，初始筹码为2000。

Level 1：20 ~ 40   Level 6：300 ~ 600
Level 2：30 ~ 60   Level 7：400 ~ 800
Level 3：50 ~ 100   Level 8：600 ~ 1200
Level 4：100 ~ 200   Level 9：1000 ~ 2000
Level 5：200 ~ 400

书中介绍的理念，同样适用于任何有类似盲注结构的单桌赛，例如9人桌或初始筹码1000，初始盲注5 ~ 10的单桌赛。书中涉及到不同买入的单桌赛时，都会明确说明比赛的买入金额。

第一部分

低盲注策略

1. 引言

假设你在参加一场买入金额为 215 美元的德州扑克 10 人单桌赛，扣除主办方收取的费用后，实际买入为 200 美元，初始筹码 2000。表面上看，似乎单位筹码的价值就是 10 美分：

0.1=200（买入费）/2000（筹码数）

但是，这样想是不对的。假设你最后获得冠军，所有的比赛筹码（20000）都归你所有，你只能拿到总奖金（2000 美元）的 50%，即这些筹码的总价值是 1000 美元，而不是 2000 美元。在这个意义上，锦标赛筹码的单位价值似乎只有 5 美分：

0.05=1000（冠军奖金）/20000（总筹码数）

两种分析方法，得到了不同的单位筹码价值，导致这种差异的原因，是因为获得第二名和第三名的选手也会分享奖金，尽管他们出局的时候已经没有筹码了。如果是第一名赢者通吃的锦标赛，那么锦标赛筹码的单位价值总是 10 美分。

在标准的前三名获得奖金的德州扑克单桌赛中，筹码价值逐渐递减。你的筹码越多，每个筹码的价值就越低。同理，你的筹码越少，每个筹码的价值就越高[1]。

---

[1] 锦标赛中筹码的这一特征，是梅森·迈尔慕斯（Mason Malmuth）最早在他的著作《博彩理论及相关主题》（*Gambling Theory and Other Topics*）中指出的。

这是因为，即使你的筹码增加到初始筹码的8或9倍，即差不多所有筹码都属于你了，你最多也只能获得4到5个买入的奖金。锦标赛中筹码呈现出边际价值递减的特征，现金桌则不同。现金桌上筹码价值是不变的。在现金桌，你要赢多少钱，也就意味着你要赢到多少筹码。但在单桌赛中，不同数量筹码的单位价值不固定，你赢得的筹码与最终赢得的奖金并不一致。

在本书中，我们假设大家真正关心的还是物质回报。要透彻理解这一点，我们必须从几个关键的"扑克概念"开始讲起。

2. 几个关键的扑克概念

锦标赛权益

锦标赛权益（Tournament Equity）是你在一项锦标赛中的"期望回报"。假设你持续参加一个不断重复、没有任何变化的单桌赛：除了每次都是独立的发牌外，对手、位置、水平、心态都没有变化，计算你所能获得的收益（或亏损）的平均值，就是你在这项锦标赛中的权益。

假设你参加11美元买入（买入是10美元，1美元是组织方的组织费用）的10人单桌赛。十个玩家每人都在奖池中贡献了10美元，所以所有选手的权益之和是100美元。如果没有其他信息，一个合理的假设是，锦标赛开始时，每个玩家的权益都是10美元，扑克室收取的费用，即提成是10美元。但是每个玩家的技术水平是有差异的（最重要的原因），加上相对位置的差异，以及比赛中各个玩家对其他玩家的应对等，如此一来，每个人的锦标赛权益就有差别了。

在上面所述的11美元买入的德州扑克单桌赛中,每个人的实际权益有可能是:

玩家类型	说明	权益
初学者	第一次参与单桌赛,没有比赛经验	5美元
鲁莽攻击型玩家	要么赢得全部筹码,要么很快出局	8美元
跟注型玩家	几乎每手牌都跟注, 要么他击中坚果牌, 要么对手反击他弃牌	7美元
能被察觉的松手	遇到紧的玩家,很容易出局	10美元
非常松的玩家	有不错的直觉	10美元
紧凶型玩家	连续被对手听牌成功后会产生情绪波动	11美元
被动的紧手	紧,且非常胆小的玩家	11美元
松凶型玩家	玩很多牌,下注和加注多于跟注	11美元
紧凶型玩家	能同时玩6桌	12美元
高水平专业选手	只在处于最佳状态时比赛	15美元

通过这张示意性的牌手比赛权益表,我们可以注意到,对于单桌赛而言,牌桌的选择是能否保持高的投资回报率(ROI)的重要因素(详见"第四部分 关于单桌锦标赛的其他重要主题"中有关"选桌"的相关内容),就算是经验丰富的牌手选桌,也无法避免下面的基本事实:

没有人能确切知道自己或其他人的锦标赛权益。

你不可能在牌桌上坐下后说:"我玩这场锦标赛的平均回报就是10美元。"在具体的某场单桌锦标赛中,每个玩家取得的不同权益,取决于他自己的技术水平以及其他外在因素,如对手的风格和对手的位置等。

比赛权益的不确定性,成为扑克牌手参与比赛的重要影响因素,至少在两个方面产生重要影响:

1. **它能让你获利**。通过参加相对而言有更高权益的比赛,你可以获得收益。恰恰由于对任何一场具体比赛,大家都无法知道确切的比赛收益,反而会吸引各种玩家参赛。因为如果玩家知道,长期而言他们一定会亏钱,他们也许就很少参与或根本不参与了。只要你的比赛权益高于平均水平,从长期来看你一定会赢钱,因为自然波动(运气因素)的原因,任何人都可能在短期盈利,使得任何一场比赛中都有低水平牌手,而这类牌手没有意识到其实他正在输钱给你。

2. **它会导致你的资金大幅波动**。你不可避免地要面对资金大输大赢的巨幅波动,而不是资金的稳步增长。有时候,这会导致你对自己的牌技产生怀疑,你必须要接受短期盈利或亏损的不确定性,这是扑克游戏的特点。

迄今为止,我们只讨论了锦标赛权益。在每场比赛中,每个行动发生后,你的权益又会发生改变。下面的牌例说明了特定的一手牌怎么影响到每个参赛者的权益。

形势:这是109美元买入的德州扑克单桌赛的第一手牌,所有人都弃牌到大小盲,他们是两位超攻击型玩家,吉姆(Jim)和鲍伯(Bob)。他们在翻牌前加注,再加注,直到全下。

吉姆的牌是:

鲍伯的牌是：

问题：这手牌对牌桌上每个人的权益有什么影响？

回答：为分析简便，假设翻牌前 2♥2♣ 和 A♦K♦ 全下的胜率一样（具体请参看"附录 D：翻牌前全下时不同起手牌的获胜概率"）。这样，从长期来看，两个人会打平。因此，一个看上去似乎有道理的推论是，"从长期看，吉姆和鲍伯不输不赢，其他人的权益也不受这手牌的影响。"

这个推论是有问题的，因为在锦标赛中筹码不等于钱。筹码翻倍并不意味着权益翻倍。当然，平均说来，早期筹码翻倍让你赢更多钱的可能性增加，但你的权益并没有翻倍，权益增长小于筹码增长。这是因为筹码越多，单位筹码的价值越低，即筹码的边际价值递减。输家失去的筹码价值大于赢家得到的筹码价值。所以吉姆和鲍伯都会因为他们初期的全下而有期望价值损失,他们冒着失去所有锦标赛权益以及奖金的风险,来博取小于翻倍的权益增长。因此,经过很多盘单桌赛之后,平均而言,吉姆和鲍伯各有一半比赛出局,输掉买入费,而另一半比赛中筹码的翻倍并不能完全弥补出局带来的权益损失。

但是,比赛权益不会消失。对买入费为109美元的10人单桌赛来说,总权益1000美元是固定不变的。对每个人来说,如果大家牌技差不多,每个人的初始权益都是100美元。假设鲍伯一对2获胜,那么吉姆输掉了他的100美元权益。但鲍伯的权益增长却小于100美元,不妨假设是90美元,那么剩下的10美元权益就被其余选手瓜分了。其他每个人都从这10美元中分得一小部分,具体表现就是减少了一个进入奖励圈的竞争对手。

所以,在吉姆和鲍伯翻牌前对抗打到全下的例子中,吉姆和鲍伯是长期的权益输家,而剩下的每个玩家都是长期的权益赢家。

假设鲍伯的一对2赢了,接着高歌猛进连续消灭了一个又一个对手,而你每次都是弃牌,所以你的筹码数量一直不变(实际是略有减少,这里暂时忽略你在低盲注阶段投入的盲注),你的筹码虽然没有增长(实际上是略有减少),但你的权益一直在增加,即你一直在赢钱。具体计算如下:

玩家数	鲍伯的筹码数	你的筹码数	你的筹码价值
10	2000	2000	100美元
9	4000	2000	102美元
8	6000	2000	106美元
7	8000	2000	114美元
6	10000	2000	128美元

5	12000	2000	150 美元
4	14000	2000	189 美元
3	16000	2000	271 美元
2	18000	2000	320 美元

（这些计算结果是通过独立筹码模型（Independent Chip Model；以下简称ICM）得到的，我们会在"第二部分 中等盲注策略"中深入探讨独立筹码模型（ICM）。

在上面这个单桌赛例子里，你没有赢得一个筹码，权益却增加了超过200%。这虽然是一个假想的比较极端的例子，即只有一位玩家以非常规速度不断淘汰对手，但其中反映的一般原理是：有对手被淘汰会增加你的权益（就是你在赢钱）。

在我们详细讨论低盲注阶段的单桌赛玩法之前，我们先介绍几个非常关键的基本概念。理解这些重要的概念是玩好任何扑克游戏所必需了解的，无论是七牌梭哈还是无限注德州扑克。

底池赔率（Pot Odds）

决定是否跟一个下注的最重要因素，是看底池赔率是否合适。其理念和其他投资决策是类似的：在决定是否接受一定的风险前，必须知道可能获得的回报是多少。底池赔率的定义是底池大小（你的回报）与跟注大小（你承担的风险）的比值。

我们通过一个牌例从两个方面来认识底池赔率：

盲注50～100。两名玩家平跟溜入，你在按钮位置。你目前的底池赔率是多少？

回答：底池现在是350，跟注需要100，所以你的底池赔率是350∶100，或者说是3.5∶1。

你跟注，小盲弃牌，大盲过牌。翻牌后，第一个溜入者下注100，第二个溜入者加注到250。现在你面临的底池赔率是多少？

回答：翻牌前底池是450，翻牌后第一个玩家下注100，第二个玩家加注到250，底池现在总共是800，你需要放入250的筹码来跟。所以，你目前面临的底池赔率是800：250，即3.2：1。

（注意，在这个牌例中，由于第一个下注者还在底池中，面对3.2：1的底池赔率，你需要有一手比通常情况更强的牌去跟注，因为你跟注后，第一个下注者有可能会再加注，使得你可能不得不弃牌。）

在现场比赛或者没有辅助软件的情况下，底池赔率只要大概估计就可以了。例如："底池有800，我跟注需要花250，我的赔率比3：1好一点。"如果你不擅长这种快速心算的话，在线玩的时候记得准备好计算器。

底池赔率非常重要，因为每次决策下注大小或是否跟注时，这些筹码就是你为了赢得底池而进行的一项投资。底池赔率告诉你这个投资是否划算。比如，假设你和对手单挑，已经打到河牌，公共牌是Q♣T♥8♦8♣4♠，你拿着A♣4♠，对手下注200，你应该跟注吗？

假设到河牌的时候底池是1800，不管之前的下注怎样，根据底池赔率，你也应该跟注。因为你只需冒200的风险就有机会赢2000的筹码（底池赔率达到10：1）。如果跟注输了，你仅仅损失200，但如果赢了，你可以赢2000筹码。底池赔率太好了，不能放弃。除非你确信根据某个特定信息，你确定自己已经被击败了，否则应该跟注。

但如果到河牌的时候底池只有100，那你就是在冒损失200的风险去赢300（底池赔率3：2），这笔买卖就显得很不划算，输了损失200，赢了也只有300。你拿着一个底对，只能战胜A高牌这样的牌，只有你认为对手在诈唬的情况下才应该考虑去跟注。

下面看一个有意思的牌例。盲注 20 ~ 40，你和一个对手单挑，翻牌后初始底池是 1000，公共牌是：

你的底牌是：

对手做了一个小的下注 40，你强烈感觉对手很可能有 A。你应该跟注，加注还是弃牌？

回答：跟注。加注你就太疯狂了，但不应该弃牌。你有 26∶1 的底池赔率，剩下的 46 张牌里有 2 张可以帮你形成葫芦（full house）。所以平均 23 次中有 1 次机会组成最强牌。同时，面对 26∶1 的底池赔率，如果 27 次中你能赢一次你就会追回损失的筹码。尽管此时你很可能完全落后了，但非常好的底池赔率告诉你，即使手牌比一对 2 还差，也应该跟注。

此外，当后面你的牌确实得到提升时，对手很可能会拿着他的三条 A 全下，你会赢得更多，这个概念称为隐含赔率（Implied Odds），最早是由大卫·斯克兰斯基（David Sklansky）提出的：你投入的筹码不仅可能赢下当前底池，还可能在后面赢得更多。

在无限注德州扑克现金桌中，隐含赔率是一个至关重要的概念。对单桌赛来说，认识到隐含赔率是我们玩投机牌的重要原因就足够了。在低盲注阶段，翻牌前你拿着小同花连牌跟注很多溜入的玩家。万一形成超强牌，你希望赢取的不仅仅是翻牌前的底池，你希望在后面几轮下注中赢得更多。隐含赔率正是这些投机牌在翻牌前跟注的价值所在。

筹码期望价值

在比赛过程中，估计你某个特定的行动能赢或者输多少筹码，是决定你的行动是否获得正权益的关键，这个估计量被称为"筹码期望价值"。

期望价值（EV）是平均而言你可以赢多少，根据各种牌出现的概率进行加权平均而算出。

比如，如果游戏的方式是抛硬币，你下注 1 美元押硬币出现"正面"的那一面，你的 EV 就是 0：

EV=（硬币落地是"正面"的概率）×（出现"正面"你能赢的钱）+（硬币落地是"反面"的概率）×（出现"反面"你会输的钱）
=0.5×1+0.5×（-1）=0

现在假设你压骰子是 4，赔率是 3：1，你下注 2 美元，你的期望价值是多少呢？

回答：-0.67 美元。骰子掷到 4 的概率是 1/6，平均 6 次出现 1 次。3：1 的赔率意味着你赢的时候可以拿到你下注额 3 倍的钱，也就是 6 美元。同时，骰子有 5/6 的可能性掷出其他数值，这时你都会输掉 2 美元。经过简单计算可以得到，你的期望价值是输掉 67 美分。

$$-0.666=（1/6）×6+（5/6）×（-2）$$

在扑克现金游戏中，期望价值是你赢得筹码或输掉筹码的平均数量，这与权益没有区别。

但在锦标赛中，赢得筹码和赢得奖金是不同的。

权益：从长期来看某个行动所得到的金钱回报。

筹码期望价值（cEV）：从长期来看某个行动所得到的筹码回报（EV 前面的"c"表示我们讨论的期望价值是指筹码而不是现金）。

下面看一个计算筹码期望价值（cEV）的例子。你拿着：

翻牌是

底池筹码1000，你唯一的对手全下400筹码。从长期看，你跟注会赢得更多筹码吗？

回答：是的。这个问题的另一个问法是："如果跟注，筹码期望价值是正的吗？"我们来计算一下跟注的cEV。简化起见，假设你拿到顺子的概率是1/3（可以从后面的"附录C：听牌概率表"上找到相应的概率值）。因此，你有2/3可能性会输掉这手牌，付出筹码400，另外1/3的机会你可以赢1400筹码。所以你跟注的期望价值是200筹码：

$$200=(1/3)\times(1400)+(2/3)\times(-400)$$

从长期来看，跟注是可以多赢筹码的。

如果你弃牌，你自然不会输或者赢更多筹码，所以弃牌的cEV是0。注意，这和你是否已经投入了一半的筹码到底池中无关，这是之前的动作，一个行动的筹码期望价值是与你之前的所有行动无关。你可能因为之前打错了而面临现在的情形，但之前的动作并不会被改变。所以现在弃牌这一行动的筹码期望价值是0。

攻击性原则

对任何扑克牌手来说，相对于主动下注或加注，跟注时需要拿着一手更强的牌。这是因为主动下注或加注时，对手可能直接弃牌，你可以立即拿下底池，但你不可能通过跟注来立刻获胜。

这个原则被大卫.斯克兰斯基称为"缺口理论"（参阅他的著作《德州扑克锦标赛高级指南》（*Tournament Poker for Advanced Player*）。在中盲注和高盲注的章节，我们会更详细地讨论用来跟注的牌和用来下注的牌之间的牌力缺口。现在你应该明白，一定要努力成为进攻型玩家，这就是下面的"攻击性原则"：

一般说来，下注和加注要比跟注更好。这是因为下注和加注有一定立刻拿下底池的概率（对手的弃牌率），但你绝不可能靠跟注立刻赢下底池。

仔细琢磨并让自己从内心认同这个观点，因为这是扑克竞技中至关重要的观念之一。

3. 低盲注阶段的翻牌前打法

在低盲注阶段，有三种类型的牌是任何玩家都可以玩的牌，它们是：

1. 强牌。比如，类似于这样的牌：

或

2. 投机牌。翻牌后很有潜力的起手牌，诸如 4♥4♣ 或者 7♠8♠ 这样的牌，特别是在多人入局，而且你能便宜看翻牌的时候。

3. 后位"偷盲"牌。属于在后面位置比较强的牌，比如在按钮位置的：

用这类牌加注，经常可以无需竞争赢得小底池，即使被跟注，翻牌后的潜力也不错。

不管你的技术和经验如何，这几类起手牌都应该玩，长期来看是有利可图的起手牌。

强牌

不管盲注的高低，你总是很愿意玩以下的强牌：AA、KK、QQ 和 AK。

AA 到 QQ

拿着这类起手牌时，应该翻牌前加注或者面对对手的加注进行大的再加注，特别是在低盲注阶段。你的加注很重要，既是价值下注（你拿着好牌，应该尽量让底池变大），又能控制看翻牌的对手数量。

如果翻牌前直接拿下一个数量还可以的底池，特别是拿着口袋Q对，也是一个理想的结果。如果之前经常有人在翻牌前加注，你可以考虑在前位溜入，然后给加注者来个再加注；如果没有人加注，导致有多个玩家进去看翻牌，而你错过了暗三条，要有在翻牌后弃牌的准备。

假设你加注或再加注后有人跟注，如果你拿着QQ，翻牌发出A或K，或者拿着KK翻牌发出A时，在面对多名对手或有不少动作时，一般应该弃牌。对手很可能拿着高牌，要通过对手的动作进行判断，除非每个对手都示弱，至少都有一次过牌。如果对手很少，而且他示弱，那你可以考虑忽略那张高牌，下注半个底池左右。

如果你翻牌前的加注有很多人跟注，翻牌后还有很多行动，或者公共牌非常危险。比如公共牌是：

你拿着两张黑色的一对A，面对一人下注，两人平跟，在翻牌后，你应该毫不犹豫地弃掉AA或者KK。

拿着大口袋对时，你应该愿意在翻牌前和对手打到全下，即你愿意作为主动进攻者通过全下来夺取底池。在低盲注阶段，拿着这样一手强牌而且是翻牌前的攻击者，你总是愿意把底池做大。

现在假设你不是进攻者，有对手在翻牌前全下，你如果拿着 AA 或 KK，总是应该跟注，但应该弃掉 QQ（请参看后面的牌例）。这是因为在最早期的第一和第二个盲注级别，作为跟注者，由于没有弃牌率，你必须要有明显的筹码优势，才能考虑跟注全下。

本书每章中都包含了大量的牌例，其结构与下面的这个牌例类似。在牌例中会标明每个玩家的位置，位置会用下面的缩写或直译来表示，从大盲起，按顺时针方向，后面依次是：枪口位（UTG；Under The Gun），UTG+1，UTG+2，MP1，MP2，MP3（这个位置也被称为截断位，Hijack），按钮前位（Cutoff 位），按钮位（Button），小盲位，大盲位。另外，BB 表示基于当前大盲计算的筹码量（后文译为 x 倍大盲注，如 6BB，译为 6 倍大盲注）。

玩家名称后面括号内的数字是他的筹码量。如果玩家是小盲或大盲，括号内的数字是他放完盲注后剩余的筹码量。（对于玩家的起手牌，如果是同花牌，则在后面用后缀"s"表示，如果是非同花牌，则用后缀"o"表示，因此如果是"AKs"，表示可能是"A♦K♦，A♠K♠，A♣K♣，A♥K♥"中的一个，AKo 表示是其他非同花的 AK。

玩家的玩牌风格一般缩写为：紧凶（TAG），松凶（LAG），紧被动型（TP），松被动型（LP）。

在比赛过程中，有些牌会提供给你很多对手的信息，有些牌则没有。有些牌中反映的信息可能很关键，有些则无关紧要。比如，早期的溜入者和中期的溜入者释放的信息不同，从对手的打法也可以看出其打牌风格。下面的牌例会让大家来体会这一点，如何从看到的信息判断对手的打法或风格。

总之，根据书中给出的信息或提示，你应该对对手的风格有一个大致的判断。学习如何给对手的风格贴标签是十分关键的技能。具体细节将在第四章的"关于单桌锦标赛的其他重要主题"中进行讨论。

牌例 1-1

盲注：20 ~ 40；10 个玩家。

你的牌：你（1940）在 MP1 拿着 Q♠Q♣。

到你：UTG（1820）位玩家加注到 100，接下来的两位玩家弃牌。

问题：你该怎么办？

回答：加注到 350。你想快速拿下底池，或者限制对手数量，希望最多面对 1 ~ 2 个对手。因此，做一个有力的加注。

行动：你加注到 350，你左侧的所有玩家都弃牌，到紧凶型大盲位选手（1940），他全下。UTG 跟注。

问题：跟注还是弃牌？

回答：弃牌。低盲注阶段，翻牌前全下的牌极有可能是 AA 或 KK。如果只对抗一名玩家，特别是少筹码的松型玩家，他可能会拿着弱一点的牌（比较理想的是 JJ 或者 AQ 同花，你有很大的胜率），你可以价值跟注。但是在一个加注和再加注之后，一个紧手玩家选择了全下，并不害怕有人跟注，这说明你很可能遇到了 AA 或者 KK，所以尽管在翻牌前你拿到了一手很强的牌，但还是必须弃掉。在这种情况下，AK 你也要弃牌，只有 AA 或者 KK 才可以选择跟注。

牌例 1-2

盲注：20 ~ 40，9 个玩家。

你的牌：你（1940）在枪口位拿着 K♠K♣。桌子玩家普遍较松，大部分牌局会看到一个翻牌前加注和许多跟注者。

问题：你怎么打？

回答：跟注 40。在一个松牌桌的前面位置，跟注是为了再加注后面的加注者。自己先加注也是一个合理的选择，但是在松桌的前位拿着一个大对子，赢一个翻牌前的大底池是不错的选择，所以可以仅仅跟注，等待别人加注。如果没有人加注，翻牌不利时你可以很轻松地弃牌，因为底池很小。

行动：你跟注 40，有五人跟注，大盲过牌。（一共 7 位玩家，底池 280。）

翻牌：Q♥Q♣T♦

行动：大小盲过牌。

问题：过牌还是下注？

回答：过牌。底池还不大，六个对手中很有可能有人有 Q，你等一张 K 的希望很渺茫，只有 8% 的可能性。如果后面所有人都过牌，只要转牌不是 A 或者 T（会增强那些有 A 或 T 玩家的牌力），可以在转牌下注。

行动：你左边的玩家下注 40，后面三人跟注。

问题：跟注，加注还是弃牌？

回答：跟注。你可能已经被打败，但是底池有 440，你的底池赔率是 11∶1，而且你跟注后就可以结束翻牌阶段，不会再有加注。如果转牌来 K 的话（23∶1 的可能性），希望能从三条 Q 手里赢一个大底池。当然，目前你的牌也有可能是最好的。

行动：你跟注。（5 个玩家，底池 480。）

转牌：3♦

行动：小盲位下注 250。

问题：跟注，加注还是弃牌？

回答：弃牌。这不是一个普通的下注，你有可能已经被小盲位打败了。他很可能刚才拿着 Q 在翻牌过牌。而且后面还有三名玩家，如果你继续玩，他们有可能会跟注或加注。所以现在就应该放弃。

（本节很多牌例在介绍翻牌前打法的同时，也会顺带介绍一些翻牌后打法，后面也会有专门章节讨论翻牌后打法。现在，主要目的是你了解翻牌前打法的一些关键概念。）

AK

在低盲注阶段，这是一手很好的牌，其危险性要比大口袋对小，因为翻牌不中的话你可以很容易放弃。如果你击中了 A 或 K，那就减少了一张很可能帮到对手的牌。

假设你拿着：

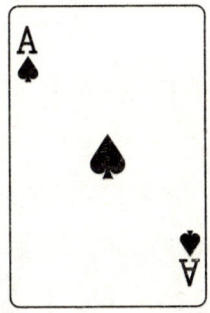 

翻牌是：

面对对手下的重注,你会面临艰难的抉择。你的超对很强,但是面对这样的翻牌,很可能已经把你打败了。但如果你是拿着

你可以很容易弃牌,因为没有发出 A 或 K,现在你还不是成牌,没什么可遗憾的。

拿着 AK,如果你是第一个入局的,一般建议做个标准的 3 倍大盲(盲注 25～50,三倍大盲注为 150)的加注,每多一个溜入者,就适当加注得更多一点。例如,盲注是 20～40,你在按钮位拿着 AK,面对前面三人溜入时,可以加注到 175 左右。如果已经有人加注,在你并不清楚自己所处状况之前,大多时候仅仅跟注,避免在低盲注阶段就在翻牌后玩一个过大的底池。如果有人加注且又有几人跟注,这时底池已经很大,直接拿下也很有价值,你可以在翻牌前全下,从而避免翻牌后出现很难处理的局面。

翻牌后，如果击中了 A 或者 K 时，你应该进行价值下注，对手越多，以及公共牌面看上去有听牌的可能性越大，你的下注应该越大。假设没有击中翻牌，如果你是翻牌前的进攻者，而且所有对手都过牌示弱，通常可以做个 1/2 到 2/3 底池的持续下注。

牌例 1-3

盲注：30 ~ 60，9 个玩家。

你的牌：你（1940）在按钮前位拿着 A♠K♣。

到你：MP1（2200）的松手玩家加注到 120，所有人弃牌到你。

问题：弃牌，跟注，还是加注？

回答：跟注，在锦标赛早期，你希望降低筹码的波动，因此在低盲注阶段，拿着 AK 通常跟注一个加注，而不是再加注。

行动：你跟注，按钮位和大小盲也跟注。（5 个玩家，底池 600。）

翻牌：Q♠T♣2♥

行动：大小盲过牌，最初的加注者下注 200。

问题：你怎么玩？

回答：弃牌，你基本上错过了翻牌。只有四张 J 是你确定的补牌，再发出 A 和 K 可能让对手成为顺子或两对。而且，你坐在下注者左边的第一个位置，即使你的牌领先下注者，还有两个对手在后面，他们可能用更好的牌跟注，或者做一个你无法跟注下去的加注。

上面这手牌中，在翻牌前再加注是不合理的。我们来看一个在低盲注阶段，拿 AK 再加注是正确玩法的牌例。

牌例 1-4

盲注：30～60，9 个玩家。

你的牌：你（1940）在小盲位拿到 A♠K♣。

到你：一个松手玩家（2200）在 MP1 加注到 200，按钮前位（2100）和按钮位（1760）都平跟。

问题：弃牌、跟注还是加注？

回答：全下。在当前情况下，你的牌非常适合采取行动，AK 仅仅在面对 AA 口袋对时处于巨大的落后，对抗 KK 也有 30% 的胜面。现在，已经有 690 筹码在底池中。你应该很凶地来玩这手牌，力争直接拿下底池，从而让你的筹码增加 1/3 左右。

分析你该如何去玩的另一个方法是排除法。首先，你的牌强到肯定不应该弃牌，但如果你只是跟注，在翻牌后，你的位置最差，后面还有 3～4 个玩家。所以在这里全下是正确的玩法！

行动：你全下，所有人都弃牌到了按钮位，他想了很久后跟注，亮出 6♠6♣。

这里，其实你非常希望所有人都弃牌，你能直接拿下底池，如果最终没有发出 A 或者 K，你就准备参加下场单桌赛吧。但你要明白，你的玩法是正确的！

AQ、AJs、JJ-99

这些是不错的牌，但不是强牌。不能在靠前的位置用 AQo 和 AJ 卷入战斗！可以用 AQs、99、TT 平跟溜入或者进行一个标准加注入局，拿 JJ 时加注入局。

在中位或者后位，如果前面的人都弃牌或有人平跟，拿着这些牌可以跟注或者加注。但如果有人已经加注，你往往要考虑弃牌（特别是 AQo 和 99）。如果有人在你前面已经加注，因为对手很可能拿着比你更好的牌（例如你拿 AQ 时对手拿 AK，或者你拿 99 时他拿 JJ），这样即使在一个看上去对你很有利的翻牌，你也很有可能会输掉所有的筹码。

牌例 1-5

盲注：30 ~ 60，10 个玩家。

你的牌：你（1850）在小盲位拿着 9♠9♣。

到你：一个玩家（1720）在中间位置溜入，所有人都弃牌到你。

问题：应该弃牌、跟注还是加注？

回答：跟注。如果你加注，你必须做一个大加注（大概 300 筹码）来阻挡其他人行动，因为你在翻牌后是第一个行动的人。因底池较小，你宁愿选择跟注，如果加注不能立刻拿下底池，会使你处于非常不利的位置。跟注的话，击中 9 是最理想的情况。如果翻牌发出三张低牌，你还是很不错的牌。但如果翻牌出现高牌，你可以很容易放弃这手牌。

行动：你跟注，大盲位的松被动型玩家（2100）过牌。（3个玩家，底池 180。）

翻牌：J♣6♠2♠

问题：过牌还是下注？

回答：过牌，下注并不是不可以，但底池非常小，如果你的下注没有让全部对手弃牌，大盲注或者溜入者很可能拿着一张 J，而你后面还是没有位置优势。如果所有人都过牌，而且转牌发出一张无关紧要的牌（这里指非黑桃低牌），你可以在转牌下注（大概 100 筹码）。

行动：你过牌，大盲过牌，溜入者下注 90。

问题：跟注还是弃牌？

回答：弃牌，你有可能拿着最好的牌，而且底池赔率也不错

（3∶1）。但是底池很小，如果你的牌力处于落后，牌力很难提高，并且大盲还有可能加注，弃牌吧。

牌例 1-6

盲注：30 ~ 60，10 个玩家。

你的牌：你（1830）在 MP3 位拿着 A♠J♣。

到你：前面的牌手都弃牌，你右边的松手玩家（2200）加注到 140。

问题：你该怎么办？

回答：弃牌。

让我们讨论一下以下三种情况。

再加注：这是种很激进的玩法，但不是最优玩法。你不应该在低盲注阶段拿着投机牌进入大底池。如果遇到再加注，无论是起先加注的对手还是你身后未行动的对手的再加注，你都要弃牌。如果跟注，你可能在翻牌后失去所有筹码，（比如对手拿着 AK、AQ 这种压制你的牌），即使所有玩家都弃牌，你拿下了翻牌前底池，但也只是个 210 筹码的底池，和你承担的风险相比，太不值得了。

跟注：如果后面没人再加注，你拿着还算不错的牌可以看到翻牌。问题在于，AJ 在翻牌后是很危险的牌。如果对手拿着 AQ 或 AK 这种牌，你会在翻牌有 A 的情况下输掉很多筹码。事实上，这也是为什么很多弱玩家会倒在单桌赛第九名或第十位的原因之一，中了翻牌，提升为第二好的牌，然后就被淘汰了。如果翻牌出现两张低牌和一张 J，你拿一手强牌，但是如果对手拿着大口袋对，你又会输掉所有筹码。所以，在低盲注阶段，要避免这种情况。

弃牌：否定了上面两种行动后，你就明白应该弃牌。当相对于大盲注你是短筹码时，或者你是从中位或后位的初始加注者时，AJ 是一手好牌。当盲注很小并且你前面已经有人行动，或者你处于前位，你要养成习惯，弃掉 AJ 和 AQo，这样你才能避免在单桌赛中倒在第 9 和第 10 名。

牌例 1-7

盲注：20 ~ 40，10 个玩家。

你的牌：你（2000）在 MP1 拿着 J♠J♣。

到你：每个人都弃牌。

问题：你该怎么办？

回答：加注到 140，这既是一个价值加注，也是为了将你的对手限制在一个或两个。

行动：你加注到 140，所有人弃牌到松的大盲（2360），他选择跟注 100。（两个玩家，底池 300。）

翻牌：7♣5♣5♠

行动：大盲下注 240。

问题：你是弃牌、跟注还是加注？

回答：加注到 600。你在翻牌前显示了实力，而对手在翻牌后主动下注，他拿到强牌的可能性并不大，如果他有一手强牌，他应该会过牌让你下注，这几乎是初学者也会懂的玩法，而且如果拿到三条 5 时，应该会慢玩。如果他是 QQ-AA，他几乎肯定会在翻牌前再加注。如果没有在翻牌前再加注，他会在翻牌后过牌，等你跟注后再加注。现在这种情况，对手应该是拿着 7（比如 K7s 或者 A7 之类），或者拿着一个低口袋对（比如 4♦4♥）。这里，你的高对应该是最好的牌，底池 540 很大，所以应该加注。

行动：你加注到600，对手跟注。（两个玩家，底池1500。）

转牌：2♠

行动：对手过牌。

问题：你过牌还是下注？

回答：全下！底池已经非常大，甚至比你手上的1260筹码还多，你很可能拿着最好的牌。你应该在低盲注阶段谨慎地玩，但现在底池已经非常大，你又是这个单挑的进攻者，不要放弃那些很可能是最强的牌。

注意当底池很大时，下一个小注是没有必要的。另外，很多河牌可能威胁到你，使你的牌变成第二好（比如发出7或者梅花），所以你必须让对手为听牌付出最大的代价。

投机牌

玩投机牌时，必须满足以下三个条件：

1. 你在中位或后位；
2. 没有人加注并且至少要有两个平跟者；
3. 你的牌有可能在翻牌后成为超强牌。

其中的条件3，即底牌中的投机性要素，通常指一些同花连牌（45同花或者更高的同花连牌），带A的同花牌（比如A♠4♠），或者小口袋对。中高的隔张同花牌（类似J♣9♣或K♦T♦），在后位且前面有很多人平跟的情况下也可以进入。你的目标是便宜地看翻牌，如果翻牌没有帮助到（大部分情况下都是这样），你可以很轻松地弃牌，如果翻牌击中一手超强牌或者超强听牌，面对多名对手时，你有机会赢下一个巨大的底池。

在低盲注阶段，如果翻牌前没人加注，只要有一个玩家平跟，你就可以在任何位置用低口袋对平溜入。

重要提醒：不要把一些垃圾牌当成投机牌，也不要用投机牌去跟注翻牌前大的加注。比如，你在后位，前面有很多溜入者，你的牌是：

或者：

这时你应该弃牌。

假设你在后位拿着：

这里已经有三个玩家参与到底池中，但第一个加注者从 60 加注到 200，应该弃牌。

有时，如果你感觉后面的玩家有较高概率可能会加注的时候，也要减少玩投机牌，比如有一个鲁莽的小筹码玩家在大盲，他随时有可能全下。

牌例 1-8

盲注：30～60，9 个玩家。

你的牌：你（1940）在 MP3 拿着 5♠5♣，大家玩得非常松。

到你：前五位玩家中有三位玩家溜入。

问题：你怎么玩这手牌？

回答：跟注，尽管你不在后位，但隐含赔率非常好，不能放弃，希望能够看翻牌。如果翻牌没击中 5，简单地过牌或弃牌，除非翻牌是 4♣3♠2♥ 这样的牌面，你才可能弃牌。

牌例 1-9

盲注：20～40，10 个玩家。

你的牌：你（2040）在按钮位拿到 A♠4♠。

到你：两个玩家（筹码分别是 1860、2000）平跟，小盲注（1900）是个紧凶玩家，你对其他对手不了解。

问题：怎么行动？

回答：用这种带 A 的同花牌在按钮位跟注，这是低盲注阶段的投机牌。

行动：你跟注，小盲注也跟注，大盲过牌。（5 个玩家，底池 200。）

翻牌：A♥T♣8♠

行动：所有人过牌到你。

问题：怎么做？

回答：下注120，你有顶对加后门同花听牌，其他所有人看起来都不像有强牌。

行动：你下注，大盲弃牌，紧凶玩家和首位平跟者跟注，第二位平跟者弃牌。（3个玩家，底池560。）

转牌：6♠

行动：所有人过牌到你。

问题：过牌还是下注？

回答：过牌，你翻牌后的下注被两个玩家跟注，再下注不太可能直接拿下底池。此外，你有一个坚果同花听牌，你更愿意看免费牌而不是冒险加注。

河牌：Q♦

行动：小盲注下注400，平跟者跟注。

问题：跟注还是弃牌？

回答：弃牌，一个紧凶玩家在低盲注阶段面对两个对手的情况下做了一个大下注，他几乎不可能是诈唬，而且还有一个你不了解的对手跟注这么大的下注，很明显你的顶对落后了。

牌例1-10

盲注：20~40，10个玩家。

你的牌：你（1940）在按钮位拿到5♠4♠。

到你：4个玩家平跟，按钮前位玩家加注加到80。

问题：怎么行动？

回答：弃牌，你有位置，也有一手不错的投机牌，但是按钮前位在这么多平跟者的情况下加注，任何一个平跟者都可能再加注。

后位的价值起手牌

在低盲注阶段，如果一手牌同时满足下面三个条件，那么具备从后位入局的价值：

1. 你在后位拿到一手不错的牌；
2. 每一个人弃牌到你；
3. 你感觉加注有可能直接拿下底池。

和投机牌一样，上面的任何一个因素都不能保证你有正的期望收益，只有同时满足才能入局游戏。比如，假设盲注20～40，你在按钮位拿到：

如果已经有一个平跟者，而且大盲是松凶玩家，那你不应该加注。如果你加注，有可能所有人都弃牌，这时你赢下一个小底池，但在上面所述的环境下，很可能会被跟注，这样你将会把自己置于一个不太好的环境中：在低盲注阶段，你拿着一手不强的牌在玩一个大底池。

现在假设你在按钮前位拿着J♣7♦，底池还没有被打开，剩下的玩家都是紧手，这里你也要弃牌。因为你的牌非常弱，并且能偷到的底池非常小。但是如果你拿着 KTs，你可以玩，通常你的加注会立即赢得小底池。即使你的加注被跟注（你可能面对比你更好的起手牌），你仍然有机会在形成顺子、同花、大两对的时候拿下一个大底池。

如果你错过了翻牌，在对手都示弱的情况下你一般应该下注半个底池。但如果有人在你行动之前下注或者在你下注后进行加注，你应该果断弃牌。

牌例 1-11

大盲：30 ~ 60，9 个玩家。

你的牌：你（1940）在 MP3 拿到 8♠8♣。

到你：所有人都弃牌。

问题：如何玩这手牌？

回答：加注到 180。在一个未被打开的底池中，你在不错的位置拿着一手好牌，这时你应该加注。

行动：你加注到 180，只有一个松被动玩家（2100）在大盲位跟注。（两个玩家看翻牌，底池 390。）

翻牌：7♠6♣2♣

行动：对手过牌。

问题：你应该过牌还是下注？

回答：下注 350，你有超对加后门同花听牌，你现在是最好牌的可能性很大，但这手牌很容易在后面被超过，你应该用一个接近底池的下注保护自己的牌。

行动：你下注 350，对手跟注（底池变为 1090）。

转牌：A♦

行动：对手又一次过牌。

问题：你过牌还是下注？

回答：下注 400，这个下注有两个目的。

1. 你可能立刻赢下本来到最后可能失去的底池。如果对手在玩随机的两张不带 A 的高牌，面对你的两次下注，他很可能不再继续听牌而弃牌。

2. 另一种情况，尽管很多松手喜欢玩带 A 的弱牌，但你的对 8 在单挑时通常是有摊牌价值的。在这里做个下注，你很可能可以一直打到摊牌。如果你这里过牌，对手可能在看到你转牌示弱后在河牌下注，这时你会面临艰难抉择，与其在河牌不知如何面对对手的下注，还不如在转牌直接下注。

对手是被动型玩家，如果你的转牌下注被加注，他很可能有更好的牌（通常是 Ax 牌），你可以轻松弃牌。记住，如果对手是个攻击型玩家，过牌才是合理的选择，这样可以诱使对手在河牌上诈唬。

牌例 1-12

盲注：20 ~ 40，9 个玩家。

你的牌：你（1820）在按钮位拿到 K♠T♦。

到你：所有人都弃牌。

问题：你该如何行动？

回答：加注到 120，这是个很好的在低盲注阶段偷盲的机会，因为在面对一个未打开的底池，你在后位拿着不错的牌。

现在假设在你前面有两个玩家在前位平跟，这时应该放弃偷盲，可以弃掉你的 KTo，也可以作为投机牌平跟。

牌例 1-13

盲注：30～60，10个玩家。

你的牌：你（1800）在按钮前位拿到9♦9♥，整个牌桌玩得非常紧，大盲看起来是个紧被动型玩家。

到你：所有人弃牌。

问题：你该如何行动？

回答：加注到180。在后位面对少数对手，口袋9是一手不错的牌，并且大盲玩家是个紧手玩家。结合这些情况，这是一个典型的低盲注阶段后位偷盲的时机。你很有可能直接拿下底池，或者在翻牌后赢下一个小底池。

行动：你加注到180，按钮位和小盲都弃牌，大盲（1400）跟注120。（两位玩家，底池390。）

翻牌：Q♠8♣4♥

行动：大盲过牌。

问题：过牌还是下注？

回答：下注200，这是个不错的翻牌，对手很可能错过了翻牌，而且他是个被动玩家，他的过牌更可能说明他没有牌。半个底池的下注通常可以直接拿下底池。记住，在这里没有必要下大注，如果对手会跟注200，他几乎也一样会跟注400的。

行动：你下注200，大盲跟注（底池790）。

转牌：9♣

行动：大盲继续过牌。

问题：过牌还是下注？

回答：下注450。你几乎完全肯定自己现在拿着最好的牌。一个紧的对手不会听着卡顺来跟一个翻牌后的半个底注下注。他很有可能是 A8 同色或者任何带 Q 的牌。现在牌面上有顺子听牌和同花听牌，你不能给对手看免费牌的机会，你应该在你有一手好牌的时候进行价值下注。如果他弃牌，很好，底池已经很大，你的牌几乎不会被打败。

4. 低盲注阶段的翻牌后打法

我们把低盲注阶段翻牌后打法分为四种情况：

（1）非常好的翻牌：翻牌后击中顶对顶踢脚，或更好的牌。

（2）很强的听牌：翻牌后形成坚果同花听牌，中对外加两头顺子或同花听牌，或者更好的听牌。

（3）你是翻牌前的进攻者但翻牌后没有击中：例如，你用 A♠K♥ 在翻牌前加注，被跟注，翻牌后出现三张低牌。

（4）边缘牌：翻牌后你击中弱顶对牌，或者其他类似的一般的牌。

除了上述其他的牌，如果你不是翻牌前攻击者，翻牌也没有击中好牌，应该倾向于过牌或弃牌。

非常好的翻牌

如果你翻牌前加注，翻牌后拿到顶对顶踢脚或者超对，应该努力从对手那里多赚取筹码，或者进行更多的价值下注。对手越多，牌面越危险，下注额就应该越大。要迫使对手在无利可图的跟注或直接放弃底池之间进行选择。

牌例 1-14

盲注：30 ~ 60，9 个玩家。

你的牌：你（2000）在 MP3 拿着 A♠K♣。

到你：两个玩家平跟，你加注到 200。大小盲弃牌，第一位平跟者（2020）跟注，第二位平跟者弃牌。（2 个玩家，底池 550。）

翻牌：K♥8♠2♦

行动：对手过牌。

问题：过牌还是下注？

回答：下注 200，只有一个对手，同时翻牌很干燥，你应该下注。因为在转牌只有极少的牌可能影响到你的牌力，现在没有同花听牌，也没有顺子听牌，因此你拿着顶对顶踢脚时应该进行价值下注。如果翻牌类似于 K♠9♥8♥ 这样的牌面，有很多听牌可能，你应该进行更大的下注。

行动：你下注 200，对手跟注。（2 个玩家，底池 950。）

转牌：7♦

行动：对手过牌。

问题：过牌还是下注？

回答：下注 500，继续进行价值下注。

行动：你下注 500，对手全下。

问题：跟注还是弃牌？

回答：跟注，你还有 1600 的筹码，对手的筹码比你多。目前底池是 950+500+1600=3050，值得用 1100 去跟注，底池赔率在 2.5∶1 到 3∶1 之间。你拿着顶对顶踢脚，虽然你有可能已经被击败了（有可能你在对抗 2 的暗三条），但现在面对这样一个大底池，只有一个对手，而且底池赔率非常好，这种情况下，不能弃掉这样的强牌。

现在我们对以上情况做一下修改，考虑另一种情况。假设你依旧在翻牌前加注到200，但与以上不同的是，第二个平跟者（2380）也跟了。同时，翻牌结构比上面的牌面更加湿润（三个玩家行动，底池690）。

翻牌：K♥T♣9♥

行动：溜入者过牌。

问题：过牌还是下注？

回答：下注500，现在有两个对手，而且是个危险的翻牌结构，你要做一个大的下注来阻止他们可能的同花或顺子听牌。如果直接拿下底池，你应该感到高兴，如果你的下注被跟注，并且转牌发出没用的空白牌，你可以考虑全下。如果你下注后被对手加注全下，我想你应该弃牌了。特别是在对抗松手玩家时。

行动：你下注500，其中一个玩家跟注。

转牌：J♥

行动：对手下注60。

问题：弃牌、跟注还是加注？

回答：跟注。基于对手翻牌前和翻牌后的行动，对手可能持有AQ、KQ、KJ、KT、JJ-99、QJ、JTs、QTs 或 A♥X♥。如果对手拿着这些牌，就是顺子、同花或者两对或三条。而其他的牌，例如88或AT，鲁莽的松手玩家可能在翻牌后会跟注。如果你能确定在对抗这样的鲁莽小筹码玩家，你应该非常乐意跟对手全下，或者你直接全下。但如果是与一个正常的对手对抗，即使是松手玩家，仅仅跟注就好。不论对手是谁，你不可能在面对30∶1的底池赔率情况下弃掉顶对顶踢脚。跟注，看看对手在河牌的行动。

行动：你跟注。（两个玩家，底池1810。）

河牌：2♣

行动：对手全下。

问题：跟注还是弃牌？

回答：弃牌，你还有1240筹码，底池是1810+1240=3050，你有差不多5∶2的底池赔率，如果你相信你赢的几率超过2/7，你应该跟注。但是有四张牌可以让对手形成顺子，牌面有三张同色牌，还有很多种两对的可能，再加上对手在转牌和河牌的反应，你赢的概率微乎极微。而且，到目前为止，盲注只是30-60，你还有1240，如果弃牌你还有足够的筹码。

以上考虑的情形是翻牌对你比较有利。我们来考虑翻牌后你形成超强牌的情况，比如直接击中顺子或者同花。

先考虑翻牌击中容易被超越的脆弱型超强牌。比如，你拿着：

翻牌是：

或者你拿着 5♣4♣，翻牌是 Q♣9♣7♣。当翻牌形成容易被超越的超强牌时，你的目标是直接拿下底池，或者要让对手支付更多的筹码去看下一张牌。如果底池很大，不管你在什么位置，应更趋向于下注或加注。如果池底很小，应该下注或加注一个底池左右。如果有一个对手跟注或者更多的对手跟注，而且转牌发出不利的牌（比如上面顺子的例子中，第四张发出 J，或者第二个例子中转牌又发出一张草花），你应该非常小心地玩，注意对手的行动，如果不确定，应该倾向于弃牌，特别是底池还不大，但对手有很多行动时。

在有些情况下，你拿着超强牌时可以慢玩，比如牌面是彩虹面时拿着坚果顺子，或者拿着坚果同花或葫芦。如果你在后位，翻牌后所有人都过牌，你应该做一个一半底池或更小的价值下注。如果你在前位，选择了过牌，但后面没有人下注，你应该在转牌下注，在拿到一手好牌时最大化期望价值。

一定要意识到，只有很少的牌在翻牌之后不会被打败，比如：

你拿着：

翻牌是：

这是一手非常强的成牌。是的，目前它一定领先，但如果转牌来任何 A 和 K（外面有 6 张，有 25% 概率出现），你可能就会和对手平分底池。如果来 Q、J、T，你还可能输给葫芦。并且转牌后还有超过 12% 概率让对手组成同花。如果你的价值下注使大家都弃牌，你可能远离了一个潜在的灾难！

如果你在前面就有行动，对手经常会对你的下注给予一些回应，甚至在对手已经没有可能提高他的牌力击败你的时候也如此。你在早期主动过牌的结果，往往是导致产生了一个小底池，这往往比你主动进行价值下注赢得要少。特别是当对手在听牌的时候，因为他不可能在错过河牌后还跟注。

牌例 1-15

盲注：20 ~ 40，10 个玩家。

你的牌：你（1960）在大盲位拿着 2♥2♣。

到你：前面有四个平跟者，小盲也跟注，你过牌（6 人看翻牌，底池 240。）

翻牌：3♣3♦2♠

行动：小盲过牌。

问题：过牌还是下注？

回答：过牌，你有一手超强牌，牌面都是低牌。像这种情况，让其他人下注，或者等到转牌。

行动：所有人过牌。

转牌：8♦

行动：小盲过牌。

问题：过牌还是下注？

回答：下注150，这是一个可能被跟注的价值下注。这里，这样做有两个原因：

1. 如果每个人都过牌，这里有五张河牌令你的牌变弱，两张未现的3会给任何拿着8或一个口袋对的玩家更好的葫芦，或一个3或一个8给另一张8葫芦。因此你让任何持有这些牌之一想要抽中的玩家为你付出代价。（当然如果你过牌，持有任何这些牌之一的玩家通常也会下注）。

2. 如果有人拿着方块同花听牌，他也很可能跟注。如果河牌是张方块，他可能会非常难地放下他的成手牌，你很可能赢下他的所有筹码。如果河牌不是方块，你也能获得他在转牌的跟注筹码。

如果你相信对手在转牌有听牌，你必须下注，尤其是你有不会被击败的牌时。

这是因为如果他在河牌错过了翻牌，你可能赢不了他更多的筹码，除非他想在河牌上诈唬。

行动：你下注150，按钮位和小盲跟注。（3人看牌，底池690。）

转牌：A♦

行动：小盲过牌。

问题：下注多少？

回答：下注450，小盲可能持有45击中顺子，或者可能慢玩他的明三条，按钮位可能有A，又或者可能击中一个后门同花。无论如何，你应该进行一个合适的下注来提高你这手牌的价值。

行动：你下注450，所有人弃牌。

注意这手牌中反映出来的很重要的一点。在转牌阶段，如果对手在听顺子和同花，对你的葫芦来说是冤家牌。对手如果后面成牌，反而是个灾难，第二好的牌很可能因此输掉所有筹码。

反过来说，注意不要让自己出现这些情况。如果你在一个多人底池中，牌面又有对子，你的听牌很可能已经没有机会获胜了，要意识到你的听牌价值在此时会减少，因为你可能击中听牌但损失大多数或者全部筹码。

很强的听牌

假设翻牌后你在多人底池中拿到同花听牌或者两头顺子听牌。你在后位行动并且在你之前没人下注，除非你感觉到这时下注能立刻拿下底池，否则你应该倾向于看免费牌。这个方法有助于保持底池的规模，也不会出现在别人加注时不得不弃牌，反而失去了在后面提升为超强牌的机会。

如果有未行动的对手在你左边，而你的听牌足够跟注任何一个对手的下注，你也可以尝试自己下注让所有人弃牌，直接拿下底池，这是一种半诈唬。你可能不用再看后面的牌就直接拿下底池，或者你的下注被跟注，你的牌还可以通过在后面获得提高从而击败对手。但如果你的下注遭遇加注，除非底池比率非常合适，否则你应该考虑弃牌。

现在假设有人在你之前下注。如果现在是多人底池，你应该更多地倾向于弃牌，除非他的下注额很小，因为后面还没行动的玩家有可能再加注，迫使你弃牌。记住，如果有人下大注或者有人再加注，你都要考虑弃牌（除非拿着同时是两头顺子听牌和同花听牌这样的超强听牌）。如果你的听牌非常强，在多人底池中你更多考虑平跟，但在单挑时要再加注，这可能让你直接拿下底池。当然不进行再加注，继续看后面的牌也可以。

牌例 1-16

大盲：30 ~ 60，9 个玩家。

你的牌：你（1750）在大盲位拿到 K♥T♥。

到你：一个松被动玩家（2100）在中位平跟，小盲（2565）也跟，你过牌。（3 个玩家看牌，底池 180。）

翻牌：Q♣J♠5♥

行动：小盲过牌。

问题：过牌还是下注？

回答：下注 100，你有两头顺子听牌加后门同花听牌，K 也有可能是你的补牌，这样补牌差不多有 11 张。因此在有强听牌的时候下注，希望可以直接拿下底池。如果你的下注被跟注，每发出一张牌你都有 20% 的机率提升牌力。如果你遭遇一个大加注，你应该弃牌，因为比赛才开始不久，不要用非成牌进入大底池。

行动：你下注 100，平跟者弃牌。小盲注跟注。（两个玩家，底池 380。）

转牌：2♦

行动：小盲过牌。

问题：过牌还是下注？

回答：过牌，在低盲注阶段时，你不应该不停地半诈唬，使自己粘池。对手在翻牌后跟注，在转牌是空白牌的情况，很可能不会在转牌阶段弃牌。如果你的下注被他再加注，你只能在看不到河牌的情况下弃牌，因此应该过牌，看张免费牌。

河牌：A♣

行动：你的对手过牌。

问题：你怎么玩？

回答：至少下注250，你得到你想要的免费牌，成了坚果顺子。并且进一步，松被动玩家经常可能拿着AX牌被动跟注，在这里应该主动进行价值下注，对手不会弃掉顶对，第二大对子或第三大对子经常也会跟注。

牌例 1-17

大盲：20 ~ 40，7个玩家。

你的牌：你（1960）在大盲位拿到7♣5♠。

到你：所有人弃牌到按钮位（1860），他仅仅是跟注，小盲（1940）也跟，你过牌。（3个玩家，底池120。）

翻牌：J♥4♦2♠

行动：小盲过牌。

问题：过牌还是下注？

回答：过牌，底池很小，你什么牌都没有。

行动：按钮玩家也过牌。

转牌：6♥

行动：小盲继续过牌。

问题：过牌还是下注？

回答：下注 80，你用两头顺子听牌进行半诈唬，翻牌阶段没有人显示出牌力，这时主动下注经常能直接拿下底池（在有人加大注时弃牌，河牌只有在形成成牌时才采取行动）。你有一手不错的听牌，可以用来对抗示弱的玩家，经常可以通过一个风险不大的下注直接拿下底池。

牌例 1-18

盲注：30 ~ 60，9 个玩家。

你的牌：你（1900）在小盲位置拿到 A♠3♠。整个牌桌都玩得很被动。

到你：两个跟入者（筹码分别 1800 和 2100）。

问题：跟注还是弃牌？

回答：跟注。已经有两个玩家入池，不要再采取激进行动了，你的投机牌适合跟注，因为底池赔率很划算。

行动：你跟注，大盲过牌。（4 个玩家，底池 240。）

翻牌：J♠6♣2♠

问题：你应该如何玩？

回答：下注。虽然盲注很低，但你的坚果同花听牌足够好，不能轻易放弃。你应该自己下注 120 或半个底池左右。如果所有人都弃牌，很好。如果一个或更多玩家跟注，转牌牌力没有提升就过牌或弃牌。如果拿到同花则继续下注。如果翻牌被对手进行大的再加注，也直接弃牌。只要你的牌还没有形成同花，如果有人对你的下注进行再加注，只有底池赔率很好才能继续玩下去。否则在低盲注阶段，尽量不要拿着投机听牌让自己粘池，这种情形要尽量避免。

行动：大盲（2800）和第一个跟入者（1650）跟注，第二个跟入者弃牌。（3个玩家，底池600。）

转牌：8♥

行动：你过牌，大盲下注200，跟入者跟注。

问题：你该怎么办？

回答：底池有2800，只要花200就可以跟注，底池赔率是5∶1，你有4∶1的概率形成坚果同花（如果听到了还有可能赢对手更多），而且你跟注后翻牌阶段就结束了，因此应该跟注。如果发出黑桃，你会赢下一个大底池。如果输了，你只损失400左右，盲注还很低，剩下的筹码量还不错。

牌例 1-19

盲注：30～60，9个玩家。

你的牌：你（1820）在大盲位置拿到T♠9♠。

到你：UTG（枪口位置）最小加注到120，3人跟注，小盲也跟注。

问题：跟注还是弃牌？

回答：跟注。你拿到中等大小的同花连牌，只要多花60筹码就能看翻牌，底池赔率是9∶1，而且你跟注后就能结束翻牌前的下注，应该跟注。（6个玩家，底池现在是720。）

翻牌：A♣8♥7♥

行动：小盲过牌。

问题：过牌还是下注？

回答：过牌。考虑到对手在翻牌前加注，有多人进入底池且牌面有A，现在你拿到两头顺子听牌，你的胜率并不是很高，就算后面两张牌发出 J♥ 或者 6♥ 从而击中顺子，还可能输给同花，所以这时过牌，看看能不能看免费牌，是比较好的选择。

行动：你过牌，最初的溜入者下注 145，这名玩家左边的牌手加注到 300，其他人都弃牌。

问题：你该怎么办？

回答：弃牌。有人再加注时，你马上赢下底池的可能性已经非常小了，而且你后面的最初溜入者也许还会再加注，这时最好的选择就是弃牌。

你是翻牌前的进攻者，但翻牌没有击中

当你用投机牌溜进底池但翻牌不中时，就要随时做好过牌或弃牌的准备。因为这时你拿着什么都没有的牌，通常面对几个对手，还是一个小底池。

不过，如果你是翻牌前的加注攻击者，不管只是拿着普通牌偷盲还是确实有不错的手牌，在对手翻牌后示弱的情况下（至少有一次过牌），这时你通常应该下注 1/2 底池或 2/3 底池，如果对手在你之前主动下注或者再加注，你应该弃牌。前面提到的拿着 AK 但错过翻牌的情况就是一个典型的例子。

边缘牌

你在大盲拿着：

翻牌是：

或者你用：

溜入，翻牌是：

 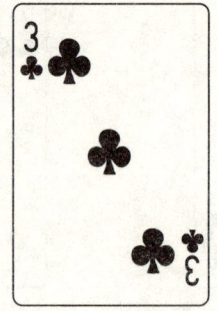 

你有一手边缘牌。这时你的牌很有可能是最好的，尤其在翻牌牌面较小时更是如此，但转牌或河牌很可能会出现能让对手打败你的牌。如果轮到你并且你之前没人下注，这时你下注半个底池左右很可能直接拿下底池。如果在你之前已经有人下注或者有人加注你的下注，弃牌就行。

在低盲注阶段玩顶对弱踢脚这样的牌时，请记住下面的标准，如果符合以下描述，你更多时候应该选择弃牌。

1. 底池不大。

2. 你的牌非常边缘。

3. 你不是翻牌前的进攻者。

满足以上几点时，果断弃牌在德州扑克里几乎总是个好的决定，尤其是在低盲注阶段更是这样。

牌例 1-20

盲注：20 ~ 40，9 个玩家。

你的牌：你（1940）在小盲位置拿到 9♠8♣。

到你：MP1 位置（1720）玩家和按钮玩家（1940）溜入。

问题：弃牌还是跟注？

回答：跟注 20。总的来说，如果你手上的牌有那么一点潜力（同花、连牌或者不错的大牌），并且在你之前已经有几个溜入者，在低盲注阶段的小盲位置可以考虑跟注。

行动：你跟注，大盲过牌。（4 个玩家进入底池，底池现在是 160。）

翻牌：9♦4♣2♥

问题：过牌还是下注？

回答：下注 100。你拿到顶对，这时下注顺理成章。过牌加注需要你投入更多筹码，虽然现在你的牌很可能领先，但你不愿意在比赛刚开始就在这样一手牌上投入太多筹码。

行动：你下注 100。大盲弃牌，两个溜入者都跟注。（3 个玩家，底池 360。）

转牌：5♥

问题：过牌还是下注？

回答：过牌。从翻牌圈来看不太像有人在听牌，也许打得松的牌手会用低对或者 AX 这样的牌跟注，但我们不值得去弄清对手是什么样牌而投入更多筹码。这里最好过牌并免费看河牌。

行动：你过牌，第一个溜入者也过牌，第二个溜入者下注 40。

问题：你该怎么办？

回答：跟注。从这个下注完全无法得出任何对手的信息，他也许是超强牌（这手牌里是 3 条），也许是个无力的诈唬。不过你拿着顶对，底池赔率是 10∶1，至少跟注。

行动：你跟注，另一个溜入者也跟注。（3 个玩家，底池 400。）

河牌：J♣

行动：你过牌，MP1 也过牌，按钮位下注 67。

问题：弃牌还是跟注？

回答：跟注。对手的牌是一个很广的范围，虽然这手牌里不值得再投入更多，但是5：1的底池赔率，只需要很小的跟注，且应该用你的第二大对子跟注。

牌例 1-21

盲注：30~60，10个玩家。

你的牌：你（1960）在大盲位置拿到 A♠8♣。

到你：前面玩家都弃牌，按钮前位玩家（2000）跟注，按钮位（1850）和小盲（2400）也跟注，你过牌。（4个玩家，底池240。）

翻牌：A♦6♥2♠

行动：小盲过牌。

问题：你该怎么办？

回答：下注大概半个底池。现在你的牌很有可能是最好的。如果这个下注没能直接拿下底池，有人加注或跟注，转牌或河牌也没能帮到你，就可以考虑放弃这手牌。在底池还很小的时候，不要在比赛前期用一手顶对A的牌使自己粘池，你的牌还不够强。很多单桌锦标赛玩家之所以倒在第九或第十位就是因为他们做不到把手上的弱顶对扔掉，要避免这种陷阱。（这手牌里，你拿着弱顶对A，直接下注要比过牌跟注或者过牌加注好）。

下面这个例子介绍了一个简单的心理学概念，这个概念在任何级别的德州扑克中都很有用。

牌例 1-22

盲注：20~40，10个玩家。

你的牌：你（1940）在 MP2 位置拿到 Q♠Q♦。

到你：UTG（2000）加注到 120，后面两名玩家弃牌，MP1（1820）跟注。

问题：怎么办？

回答：加注到 450。QQ 是很难处理的一手牌，在这种情况下你必须做一个大一点的加注。最好的情况是立刻拿下 300 的底池，如果没有，加注很有可能赶走部分对手。

行动：你加注到 450。你身后的玩家都弃牌，UTG 和 MP1 都跟注。（3 个玩家，底池 1410。）

翻牌：K♠K♣9♥

行动：UTG 下注 600，MP1 弃牌

问题：这时怎么打？

回答：加注全下。你的 QQ 应该是领先的，如果对手有 K 的话，基于你在翻牌前是主动进攻者，现在他肯定会过牌，这种类型的牌面即使是新手也知道该慢打。在没有明显听牌、对手又是翻牌前进攻者，而且底池已经达到 2000 这么巨大的情况下，他有理由在翻牌阶段主动做一个大的下注吗？

上面的分析在很多情况下都很有用：

如果你是翻牌前的进攻者，对手在翻牌时出乎意料地主动下注，对手一般不太会有超强牌。

如果对手拿到好牌，他可能会为了价值或者为了保护自己的牌下注，但如果对手拿到的是超强牌，而你作为翻牌前的进攻者，有理由认为这时你会主动下注，大部分牌手在这种情况都会过牌慢玩。但要

注意的是，如果这时还有一个牌手在你之后行动，就算你认为下注的牌手很可能是在诈唬，你也只能弃牌，因为你身后的牌手很可能有 K，或者别的强牌。

牌例 1-23

盲注：20～40，9 个玩家。

你的牌：你（1960）在按钮拿到 A♦3♦。

到你：UTG（2000）和 UTG+1（2000）溜入，你跟注，小盲跟注，大盲过牌。（5 个玩家，底池 200。）

翻牌：A♠9♥5♣

行动：大小盲过牌，UTG 下注 125，UTG+1 弃牌。

问题：弃牌、跟注还是加注？

回答：弃牌。底池很小，如果下注者也有 A，你的踢脚太小。下注可能是合理的，但问题是已经有人下注了。底池太小，你不是翻牌前的进攻者，你的牌力很边缘，所以直接弃牌吧。

5. 低盲注阶段策略：总结

低盲注阶段时的策略就是紧凶。仔细选择你的起手牌，如果不确定一手牌该不该玩，直接弃牌就好。但对于你选择玩的牌局，保持攻击性。当你决定进入底池时，通常是主动加注入池，除非你是投机牌。翻牌后也要积极主动，拿着强牌主动进行价值下注，否则就加注或弃牌（除非在多人底池，你有听牌并且下注者在你的右边时，你才应该考虑是否跟注）。

低盲注阶段错误地进入一个大底池是经常出现的致命错误，这个阶段要做的就是保持紧凶打法。你在无限德州扑克牌局中积累的经验越丰富，你能够玩的起手牌越多，因为随着经验的积累，你就对如何处理好翻牌后的技能越来越有信心（如何分析翻牌结构，何时处于边缘情形并如何处理等）。

下面我们开始研究中等盲注级别的玩法。为了跟上盲注的增长，你需要更积极的打法。

第二部分
中等盲注策略

1. 引言

前面介绍了低盲注级别的打法，整体上要采用紧凶策略。当然，我们上一章的后面也提到，随着经验的积累，很多高水平玩家会在低盲注级别采取松凶策略。实际上，作者也认识很多获得非常好收益的松凶型单桌赛牌手，他们在普遍很紧的牌桌上通过松凶打法获利。他们通过更加机敏的翻牌后玩法来弥补"松凶"这种很难掌握的打法的弱点。

在中等盲注级别，我们也需要灵活应用不同的打法。大部分玩家应该严格遵照我们的建议去玩牌，经验丰富的德州扑克现金桌玩家和多桌锦标赛玩家可能会比我们具有更宽的手牌范围。总体上讲，在中等盲注阶段，常规的策略是应该进入更多底池，打得更具攻击性。

特别是在拿着和低盲注级别一样的牌的时候，你需要及时转换思路。在中等盲注级别，我们需要更凶和更为积极主动的打法。

2. 中等盲注级别的起手牌

超强牌

超强牌的玩法和低盲注级别时一样。随着盲注的升高，参与底池的玩家会相应减少，你加注的数额也需要随之减少，不过如果你知道大盲注玩家是个很松的跟注者风格，那就应该增大加注额以获取更多价值。

比如你在按钮前位拿到：

盲注是 50～100，比较合适的加注量是 250。但如果你知道大盲是很松的跟注者，你应该加注 300 到 400。

能在翻牌前就和对手打到全下是最理想的。如果所有人弃牌，你能直接拿下底池也很不错，毕竟盲注已经有点高了。如果有一个或多个玩家跟注，且翻牌不错，你可以把所有筹码投入底池（比如你的大牌击中对子或者你是超对）。如果翻牌对你不是那么理想，该如何行动你就得自己根据经验进行判断。如果只有一个或者两个对手并且对手发出示弱的信号，这时你应该表现出足够的攻击性。

牌例 2-1

盲注：50 ~ 100，9 个玩家。

你的牌：你（2000）在按钮拿到 A♠A♣，两名盲注玩家（筹码分别是 2100 和 1250）都是紧凶型牌手。

到你：前面玩家都弃牌。

问题：跟注还是加注，如果加注，加注多少？

回答：加注到 225。你应该加注，为强牌获得更多价值，如果只是跟注就显得太消极被动了。这时一个不大的加注是最好的选择，因为你后面的大盲是小筹码，他也许会用还过得去的牌对你看起来像是偷盲的加注进行再加注（当然，如果盲注玩家是紧弱型牌手的话，也可能平跟会更好）。

牌例 2-2

盲注：100 ~ 200，8 个玩家。

你的牌：你（1500）在按钮拿到 A♠K♣。大盲（2900）是松被动型玩家。

到你：松被动型玩家 MP2（2400）平跟。其他人弃牌。

问题：跟注、加注全下还是仅加注？

回答：全下。桌上现在有 500，占你三分之一的筹码，你很高兴能用 A 高牌直接拿下底池。如果只是加注，那你就粘池了，如果有人跟你的加注而翻牌没能提升牌力，你会面临两难的处境。所以这里应该全下，迫使溜入者或松被动型大盲在翻牌前为了 1500 的筹码而殊死一搏。

对于口袋 J 或者口袋 T 这类翻牌前很强，但翻牌后可能很脆弱的牌也可以这么打。

牌例 2-3

盲注：50 ~ 100，10 个玩家。

你的牌：你（1700）在 MP1 位置拿到 K♠K♣。

到你：前面玩家都弃牌。

问题：你如何行动？

回答：加注到 250。你必须加注，以阻止身后多人跟注，加注的数额取决于所在桌子的类型：在全是紧手的牌桌上可能加注 200 就能立马拿下底池，而在很多松被动型玩家的牌桌上，加注就需要加注到 350。所以 250 的下注比较合适，这个数量可以赶走很多想便宜进底池的玩家，同时也给比较激进的玩家再加注的空间。

行动：所有人弃牌到打得最紧的大盲（1800），他跟注。（两个玩家，底池 550。）

翻牌：6♣4♣2♠

行动：大盲过牌。

问题：你如何打？

回答：下注 400。你几乎可以肯定现在的牌是领先的，所以应该下注，要么立刻拿下底池，或者让对手为他的同花听牌或其他听牌付出成本。

行动：对手加注到 1600，逼你全下。

问题：弃牌还是跟注？

回答：跟注。对手很可能是 A♣J♣ 或者比你小的超对。如果他的牌能在翻牌成两对或顺子，他不会对你的翻牌前加注进行跟注。当然对手也许击中了暗三，但这只是最坏的可能，而且大部分牌手不会这么凶地处理强牌，尤其在是你在翻牌前加注翻牌后又持续下注的情况下。记住，大部分牌手拿到超强牌都会选择慢打设陷阱。在中等盲注阶段单挑时，你只能在非常确信自己被打败时才考虑放弃自己的大超对，而对手一个突兀的大注显然无法让你确信你已经输了。

行动：你跟注，对手亮出 8♠8♣，你的对 K 拿下底池。

牌例 2-4

盲注：50～100，8 个玩家。

你的牌：你（1650）在按钮前位拿到 Q♠Q♣。

到你：前面玩家都弃牌。

问题：你如何行动？

回答：加注到 300。拿着口袋 Q 马上拿下底池最好。有 A 或 K 高牌的对手想看翻牌也要支付成本（跟注）才有机会击败你。

行动：小盲（1400）跟注，大盲弃牌。（两个玩家，底池 650。）

翻牌：K♦6♥2♠

行动：小盲过牌。

问题：过牌还是下注？

回答：下注 300，如果对手没 K，这个下注足以拿下底池，如果对手跟注或加注也不会让你粘池。

行动：你下注 300，对手过牌加注到 800。

问题：弃牌、跟注还是再加注？

回答：弃牌。你在翻牌前后都表现出很强的牌力，但对手在一个没有明显听牌可能的牌面过牌加注你，基本可以肯定你已经落后了。对手很有可能有 K（对手打得很紧的话就是 AK，打得比较松的话就是 KQ 或者 Kx 同花）。收起你的好奇心，别冒险用你剩下的筹码去搞清楚对手究竟是什么牌。

投机牌

中等盲注阶段不要玩太多投机牌。随着盲注的增加，平跟溜入底池花费的筹码对你来说也不再是无足轻重的，而且身后的对手也会通过加注或全下夺取你平跟投入的筹码，所以玩投机牌需要慎而又慎。

特别是你在后位拿到小口袋对，而前面有几个溜入者时，如果感觉你左边还没有行动的玩家很可能会加注，你应该直接弃牌，不应该跟注。而且，你的筹码越少，你越应该减少用投机牌溜入底池，因为：

1. 如果你是桌上的短筹码，你进入底池的方式通常应该是加注，更多时候是全下，而不仅仅是跟注。（请参看后面的"高盲注的策略"一节。）

2. 你的筹码越多，你投入底池的筹码价值就越小。正如我们前面讨论过的，随着筹码增加，其边际价值递减，短筹码用投机牌溜入比大筹码用投机牌溜入需要更高的预期价值，也就是说短筹码溜入比大筹码的成本更高。

现在结合一个例子，对上述第 2 点进行详细的说明：假设你在玩 109 美元买入单桌赛，盲注 100～200。现在来计算：一个 1000 筹码的玩家溜入比有 5000 筹码的玩家溜入的实际成本高多少？

先大概的估算下这个数字是多少，每 200 筹码是总筹码 20000 的 1%，而总奖池是 1000 美元，所以大概估算一下，200 筹码的溜入价值就是 $1/100 \times 1000 = 10$ 美元。

不过，这只是比赛刚开始时的筹码价值，因为随着比赛的进行，筹码价值在不断变化，所以这里我们需要引入 ICM（独立筹码模型，其概念及详细计算方法将会在后面的章节中详细介绍）进行计算。当筹码数量不是单一的衡量价值的标准时（尤其，牌技是个很关键的因素），ICM可以对不断变化的筹码价值进行分析。

我们假设牌手分别拥有1000筹码和5000筹码，然后用独立筹码模型计算对于拥有1000筹码量和5000筹码量的牌手来说，200筹码价值的区别。

1000筹码：价值57美元

800筹码：价值46美元

对总筹码量1000的牌手来说200筹码的价值：57-46=11美元

5000筹码：价值229美元

4800筹码：价值222美元

对总筹码量5000的牌手来说200筹码的价值：229-222=7

想象你在玩现金桌，如果你平跟溜入需要花11美元，而你的对手只需要7美元。很明显，你应该减少溜入的次数，因为你的溜入成本比别人高4美元。因此，不管实际筹码是多少，记住在中盲注和高盲注级别时，短筹码溜入底池的实际成本比大筹码要高，几乎永远不要这么做。

牌例 2-5

盲注：50 ~ 100，8个玩家。

你的牌：你（1480）在小盲位置拿到3♠3♣。

到你：UTG+1位置的松凶型筹码领先者玩家（3600）溜入，其他人弃牌，按钮位（2200）跟注。

问题：弃牌，跟注还是加注？

回答：跟注。这里弃牌不在考虑之列，加注全下也可以。底池现在是350，接近你1/4筹码，而且前面玩家都没显示有强牌，跟注可以让你便宜看到翻牌。如果你的口袋对中了三条，你还能从另外三个对手身上大捞一笔。

牌例 2-6

盲注：50 ~ 100，8个玩家。

你的牌：你（2450）在大盲位置拿到 T♠9♠，按钮前位玩家（3300）是松凶型玩家。

到你：弃牌到按钮前位，他小加注到200，按钮弃牌，小盲跟注。

问题：你该如何行动？

回答：跟注。面对一个非常激进的玩家，同花连牌有非常好的隐含赔率，你有大约20倍大盲注，而底池赔率是诱人的5：1，因此不能弃牌。（3个玩家，底池600。）

翻牌：9♣6♦3♥

行动：小盲过牌。

问题：过牌还是下注？

回答：下注400，你的顶对很脆弱，这时不能给对手看免费牌的机会，必须下注保护你的牌。

行动：你下注400。溜入者跟注，小盲弃牌。（两个玩家，底池1400。）

转牌：A♣

行动：过牌还是下注？

回答：过牌。这时发生了对你不利的事，松凶型对手可能已经打败了你。对手是进攻型牌手，他在翻牌前加注，但面对一般的翻牌还是跟了你的较大的下注，表明他很可能是 9 以上口袋对或者口袋对 6 中了三条。如果对手手牌是两张高牌，如 A♥K♥，转牌的 A 也帮助了他。如果转牌发出的是张无关紧要的牌，例如 2♠，你也许可以尝试继续冒险下注拿下底池。不过既然发出的牌是 A，除非对手下注的数额很小，否则显然应该考虑过牌或弃牌。

行动：你过牌，对手也过牌。

河牌：J♠

问题：过牌还是下注？

回答：下注 200。如果你过牌，几乎可以肯定对手会下注。不论他的下注是为了价值还是为了诈唬。你会用你的中对跟注不是太离谱的下注，所以这里不如自己主动做个小的下注，把选择权扔给对手。假如对手牌力不是很强，例如拿着小的口袋对，那他只会跟注；面对牌面两张比 9 大的高牌，如果你的下注遭到对手的加注，你也能轻松地弃牌。

牌例 2-7

盲注：50 ~ 100，9 个玩家。

你的牌：你（2220）在小盲位置拿到 J♠T♠

到你：一名松被动型牌手在中位溜入，其他玩家弃牌。

问题：弃牌还是跟注？

回答：跟注。你已经投入 50，手里的牌也说得过去，很值得再投入 50 去看看翻牌会给你什么。

行动：你跟注，大盲过牌。（3 个玩家，底池 300。）

翻牌：J♣T♦2♥

问题：过牌还是下注？

回答：下注200，你不想让对手看一张免费牌，而且中位的平跟者也许会下注，你也不希望你的过牌加注把大盲吓跑，所以这里领先下注。如果对手都弃牌也没什么好可惜的；如果有人加注就可以直接全下；如果对手只是跟注，你就在转牌下一个大注。

行动：你下注200，大盲弃牌，溜入者跟注（两名玩家，底池700。）

转牌：A♥

问题：过牌还是下注？

回答：下注400。转牌的A对你来说不是很好，如果对手用来在翻牌跟注的是中对带A的话，现在他拿到更大的两对；如果对手拿的是KQ，现在他拿到了顺子。但你的牌还很可能仍是最好的，而且对手下注你也不会弃牌，那由你来下注会更好。

河牌：3♣

问题：过牌还是下注？

回答：下注400。和转牌情况一样，你会跟注任何不是太离谱的下注，所以自己领先下注更好。如果你的牌领先，这就是一个价值下注（很有可能是这样）。这个下注也带有防御性质，你在翻牌和转牌的连续下注会给对手很大压力，尤其当对手是松被动型牌手时更是这样，所以你的下注被加注的可能性不大。如果对手的牌好于你，这个下注会减少你的损失。

行动：你下注400，对手跟注并亮出K♥T♣，你拿下底池。

上面两个例子里，你用投机牌进入底池并且翻牌都提升了牌力，但大部分时候你没这么走运。当翻牌没击中又有很多对手进入底池时，你只需要弃牌就行。

牌例 2-8

盲注：50 ~ 100，9 个玩家。

你的牌：你（2400）在按钮拿着 2♠2♣。

到你：前七个玩家中有三个都溜入，其中 UTG 位置的紧凶型玩家，你身后的盲注玩家打得偏弱。

问题：弃牌、跟注还是加注？

回答：跟注。用一个底池大小的大加注尝试立刻拿下池底，或者赶走大部分人形成单挑局面。但一名紧凶型牌手在前位溜入往往意味着陷阱，而且你的对 2 牌力也不是很强，所以还是倾向于跟注就好。

行动：你跟注，大小盲也看翻牌。（6 个玩家，底池 600。）

翻牌：T♦4♠3♣

行动：所有人过牌。

问题：过牌还是下注？

回答：过牌。翻牌没能击中你的牌，争夺底池的还有另外 5 名对手，这样的情况下，除非你能看免费牌，否则别往底池里再放任何一个筹码。

偷盲的起手牌

在这个盲注阶段，后位尝试偷盲开始变得有利可图，但用来偷盲的牌还是需要一定的牌力，如果被跟注，你也希望在翻牌后能够有机会赢。

如何决定是否用某手牌尝试偷盲？行动前要考虑以下三个问题：

1. 你的位置如何？如果你在小盲位置并且前面玩家都弃牌，你需要面对的只是一个对手。相反，如果你在 MP1 位置尝试偷盲，你身后的 6 个玩家都有可能跟注或再加注。

2. **你的牌力如何？** 你需要评估你的牌在翻牌后的潜在提升能力。例如：

翻牌你需要一张 K，但就算翻牌出现了 K，你的踢脚也烂得不能再烂。但类似：

或者：

这样的牌就有多种可能，顺子、同花、对子加不错的踢脚，就算啥也没中最后比大小时这种牌也不是太烂。

3. **你加注后对手弃牌的可能性有多大？** 注意，这个问题和你的牌力关系不大，毕竟对手不知道你拿的是什么牌。如果大盲是个大筹码的松凶玩家，他也许会用任何两张牌跟注或再加注。如果大盲是个很紧的玩家，那他只否会用强牌来保护自己的盲注？你身后的对手（尤其是大盲）越紧，打得越弱，你偷盲就越有可能成功。

你的筹码量也很关键，当你的筹码小于 10 个大盲注时，任何行动都会让你粘池，所以这时你的偷盲往往就代表着全下。

例如，你的筹码还剩下 9 个大盲注，你加注 3 个大盲注尝试偷盲，如果有人跟注，你还剩下 6BB 筹码而底池里有 6.5 个大盲注或者更多；如果对手加注全下，你得到 2：1 的底池赔率，这时你弃牌的决定将非常困难。所以你应该全下来最大化你直接拿下底池的成功率。

当你的筹码少于 10 个大盲注时，如果你还想偷盲注，全下要比小额加注好。

同时，当筹码更多一些，在 15 到 20（或更多）个大盲时，即使考虑到对手的反偷盲或者不利的翻牌迫使你翻牌后弃牌，你直接偷盲成功的机会还是很大的。所以，当决定偷盲时，只要做一个标准大小的加注就可以了。

中等筹码量时，在 9 到 14 个大盲注时，最难打。通常，你不愿意用这么多的筹码直接全下去偷盲，但是如果被遭遇反偷盲等不利情形，又会使得你的筹码量减少很多。

比如，如果盲注级别是 50-100，而你（1150）加注到 300，如果翻牌前对手再加注，或者翻牌不理想且不得不弃牌的话，你剩下的筹码量就相当危险了，只有 850 了。所以在这个筹码量时，你在行动前要好好想想上述的三个关于偷盲注的条件是否都对你有利：你的底牌、你的位置和对手的弃牌率。

现在，假设你决定进行偷盲，并考虑好了一些可能的结果。如果所有人都弃牌，结果就是你没有遭遇抵抗直接赢得底池；如果被再加注了，你拿着不强的牌时将不得不弃牌；如果被对手跟注，翻牌后的决定就非常艰难了。

以下是翻牌阶段的三条基本原则：

1. 如果你翻牌击中不错的牌，继续下注。比如，你用 K♦J♣ 加注，翻牌最大的牌恰好是 K，继续下注。

2. 如果你完全错过了翻牌，你正常情况下应该继续持续下注大约 1/3 到 1/2 底池。这是因为你在翻牌前展现了力量，现在继续攻击底池，只要对手也没中牌，就能直接拿下底池。但你也必须控制风险，避免冒没必要的风险。为了达到这个平衡，正常情况下下注半个底池是很好的。如果对手率先下注或者再加注，则放弃这手牌。

3. 如果翻牌你击中一些小牌，比如中等对子、小对子或者顺子、同花听牌，应该倾向于在翻牌下注或加注，但如果翻牌没有直接赢下底池，而且之后牌力没有得到提升，要避免投入更多筹码。

下面看一些关于偷盲的具体牌例，以及被跟注之后在翻牌的打法。

牌例 2-9

盲注：50 ~ 100，还有 9 个玩家。

你的牌：你（1800），在 MP3 位置，拿着 T♠T♥。

到你：所有人都弃牌。

问题：你该怎么办？

回答：加注到300。你在中后位拿着很好的一手牌。做一个标准的加注入池。

行动：你加注到300，然后只有大盲位玩家（2100）跟注了。（2个玩家，底池650。）

翻牌：9♦8♣3♠

行动：他过牌。

问题：过牌还是下注？

回答：下注500。你的超对几乎总是最好的牌，但是如果出现一张高牌就会使它严重贬值。做一个底池左右的下注，来保护你的牌。

牌例2-10

盲注：50～100，9个玩家。

你的牌：你（1350），在按钮前位拿着K♠J♠。两位盲注玩家（1840和2200）都是紧凶型的。

到你：所有人都弃牌。

问题：你该怎么办？

回答：加注到250。你处在10～14倍大盲的中等筹码量区域，现在你在后位拿到了一手好牌，所以按照正常标准加注2到3个大盲注。

行动：你加注到250。按钮位置弃牌，紧的小盲（1900）跟注了，大盲弃牌。（两个玩家，底池600。）

翻牌：A♠Q♥2♥

行动：他过牌。

问题：你该怎么办？

回答：过牌。通常这里你会持续下注 300 ~ 350 左右。但该考虑到一个紧凶玩家翻牌前在小盲位置平跟了你的加注，如果你的下注被他再加注了（凶的玩家很可能会这样），你就必须弃牌了，你剩下的筹码只有不到 10 倍大盲了。现在选择过牌，等下一张牌发出来，如果对手继续过牌示弱，或者你击中了顺子就下注。

行动：你过牌。

转牌：8♦

行动：他过牌。

问题：过牌还是下注？

回答：通常应该下注 350 左右。他可能拿着中等口袋对子，担心你击中了牌面的某一张高牌。也可能他拿着 A-Q，用强牌来设陷阱。无论如何，由于他的持续示弱，你可以下注，尝试毫发不伤地赢下底池。如果对手加注，你可以直接弃牌，如果被平跟了，还有 4 张补牌形成顺子。

牌例 2-11

盲注：100 ~ 200，8 个玩家。

你的牌：你（1750）在按钮位置，拿着 A♠2♣。

到你：所有人都弃牌到你。

问题：你该怎么办？

回答：加注全下。在按钮位拿到 A 通常足够值得加注偷盲了，并且筹码已经小于 10 倍大盲了，你通常应该全下，而不是选择小额加注，因为只要你下注了，就会粘池。有时主动放弃这种偷盲注企图的例外情况，是你觉得牌桌对手打得特别差的时候，你觉得在后面能够有更好的机会去利用他们的弱点，从主动放弃这次只有较小正期望值的偷盲机会。

牌例 2-12

盲注：50 ~ 100，9 个玩家。

你的牌：你（2100），在按钮位置，拿着 A♥5♥。

到你：所有人都弃牌。

问题：你该怎么办？

回答：利用位置和你的同花 AX 牌，加注到 250。

行动：你加注到 250，松的小盲位玩家（2800）跟注，大盲弃牌。（两个玩家，底池 600。）

翻牌：K♥5♣3♠

行动：他小下注 100。

问题：弃牌，跟注，还是加注？

回答：加注到 400。单挑时，中等对子已经很强了，即使你是落后的，你的后门同花听牌和对子（共计 6 张出牌）到河牌圈时还有 25% 的机会得到提升。如果你被再加注了，就弃牌，但看起来可能性不大。你翻牌前加注和翻牌再次加注，已经显示出了极强的牌力，如果他有一手强到足以全下的牌：比如顶对强踢脚，或者暗三条的话，他在翻牌大概会过牌，因为他知道你是攻击型玩家，会继续下注，他更可能采取过牌—加注的策略。

牌例 2-13

盲注：50 ~ 100，还有 9 个玩家。

你的牌：你（2300）在按钮位拿着 Q♠J♠。盲注玩家们都是紧被动型的。

到你：MP1 玩家加注到 300，其他人都弃牌到你。

问题：弃牌，跟注，还是加注？

回答：弃牌。在按钮位拿着大的同花连牌，如果在你之前没有人行动，你会加注偷盲，但现在 MP1 已经做了一个较大的加注，不经过一番战斗就直接拿下底池的可能性已经不存在了。你的牌还没有强到可以再加注，而且一般要避免拿着这种牌跟注对手的加注。

牌例 2-14

盲注：100 ~ 200，6 个玩家。

你的牌：你（3100），在小盲位拿着 J♠T♠。大盲位玩家（900）很松。

到你：所有人都弃牌到你。

问题：你该怎么办？

回答：加注全下。你的 JT 同花比平均牌力要强，当然值得尝试去偷盲注。通常你有 15 倍大盲注以上筹码时，不应该全下，但这手牌，你唯一的对手就是大盲，他只剩下 900 了。因此你实际的有效加注额是 1100（还要把对手已经放入底池的大盲考虑在内），而超过这些的筹码将自动进入边池，肯定还是属于你的。

这个原则将在后续章节里加以详细讨论，请参见本章中的"不同筹码量下的调整：中等盲注阶段"。

牌例 2-15

盲注：50 ~ 100，8 个玩家。

你的牌：你（2000）在 HJ 位置，拿着 K♦Q♣。

到你：所有人都弃牌到你。

问题：你该怎么办？

回答：做一个标准的偷盲，加注到300。

行动：所有人都弃牌到玩得很紧的大盲，他跟注200。（两个玩家，底池600。）

翻牌：A♥9♦2♠

行动：大盲注过牌。

问题：过牌，还是下注？

回答：下注300。**你必须总是不停地问自己，通过下注想达到什么目的。**这个略小的下注能够充分告诉你对手是否有A，如果他没有A的话，你就能赢下底池。因为公共牌没有顺子或同花听牌，你翻牌前展现了力量，并且当翻牌有A又继续下注，如果对手没有A，一个正常的紧手玩家就不会继续留在底池里。有时，即使他拿着像7♣7♥这样的口袋对，也可能弃牌。如果你的下注被跟注或加注了，你就不要再往底池里投入筹码了，放弃这手牌，你的剩余筹码还有机会。这种牌面，你不需要下注很大，因为即使你下注一个底池，如果对手没有A你会拿下底池，但如果被对手跟注或再加注的话，你就浪费了更多的筹码。

当试图不亮牌而是通过诈唬拿下底池时，要把握好下注数量，不要投入不必要的过多筹码。

牌例 2-16

盲注：100～200，9个玩家。

你的牌：你（3100）在按钮位拿着K♣J♠。大盲玩家（2400）是松被动型的。

到你：所有人都弃牌到你。

问题：你该怎么办？

回答：加注到500。你在按钮位，拿着两张高牌，应该加注。

行动：你加注到500。小盲注弃牌，大盲注再加注全下。

问题：跟注，还是弃牌？

回答：弃牌。底池是2400（他的加注）+ 300（盲注）+500（你的下注）=3200，需要你再花1900去跟注。尽管有大约3∶2的赔率，但你应该弃牌，这个跟注会花费你大部分的筹码。一个被动型玩家进行了全压，通常表示他真的有强牌，他的赢面很可能要超过60%。你应该弃牌，继续等待更好的机会。

牌例 2-17

盲注：50～100，9个玩家。

你的牌：你（2500）在按钮位拿着 Q♦9♠。

到你：前面6个人都弃牌，留下你和两个紧被动型盲注玩家（1900和2100）。

问题：你该怎么办？

回答：加注到250。所有人弃牌到按钮位，在面对紧被动型的盲注玩家（尤其大盲是被动型玩家）时，你应该尽可能地抓住机会偷盲。这里你的牌力好于平均牌力，筹码量也大于平均筹码，所以选择标准的2.5或3个大盲加注。

牌例 2-18

盲注：50～100，9个玩家。

你的牌：你（2500）在按钮前位拿着Q♦9♠。大盲注玩家是一个松凶型玩家（2100）。

到你：所有人都弃牌到你。

问题：你该怎么办？

回答：弃牌。不像上一手牌，这里你应该放弃你的Q-9非同花。你身后还有一个玩家在按钮位，如果他跟注的话，翻牌后他拥有位置优势，更重要的是，还要考虑松凶的大盲，你现在是投机牌。综合以上因素，应该弃牌，等待更好的偷盲机会。

牌例 2-19

盲注：50～100，7个玩家。

你的牌：你（1600）在按钮前位拿着8♠8♣。

到你：所有人都弃牌到你。

问题：弃牌，跟注，还是加注？

回答：加注到300。在中等盲注阶段，你在后位拿着一手明显强于平均牌力的牌，应该做一个较大的加注（3到4倍大盲）来攻击底池。

行动：你加注到300。按钮位（1900）跟注，小盲注弃牌，大盲（1400）跟注。（3个玩家，底池950。）

翻牌：K♦8♦3♦

行动：大盲过牌。

问题：你该怎么办？

回答：全下。有两个观察结果是让你做出全下决定的关键所在：

1. 你非常可能是最好的牌，并且即使某人翻牌击中了同花，你依旧有1/3的机会击中葫芦获胜。但是，如果你让对手看一张免费牌，发出来第四张方块的话，你的牌力就大大贬值了，只能抓纯粹的诈唬了。

2. 目前底池有 950，接近你剩余筹码的 3/4。

综合考虑现在已经形成的大底池，以及你目前有很强但容易被反超的成牌，你应该做出全下的决定。

牌例 2-20

盲注：100～200，7 个玩家。

你的牌：你（1600）在按钮前位拿着 8♠8♣。

到你：所有人弃牌到你。

问题：弃牌，跟注，还是加注？

回答：加注全下。这手和上一手牌一样，但现在你的筹码是 8 倍大盲，而不是 16 倍大盲。你的位置和牌力依旧应该去偷盲，但由于筹码量很少，加注全下比小额加注要好。

牌例 2-21

盲注：50～100，10 个玩家。

你的牌：你（1890）在枪口位拿着 A♠Q♣。

问题：弃牌，跟注，还是加注？

回答：弃牌。除了在短桌的高盲注阶段，前位的 A-Q 非同花应该弃牌（除非你是小筹码）。桌上的盲注还很小，即使击中了 A，跟注你加注的人很可能拥有比你大的踢脚（A-K）。不要卷入底池。

牌例 2-22

盲注：50～100，8 个玩家。

你的牌：你（1900）在按钮位拿着 A♠Q♠，两位盲注玩家（1800 和 3100）都是松被动型的。

到你：所有人都弃牌到你。

问题：你该怎么办？

回答：加注到 350。在你有接近 20 倍大盲时直接全下是错误的。尽管通常你面对跟注桩时偷盲应该慎重，但这手牌确实很强，不能弃牌。一个 3.5 倍大盲的重注通常会迫使对手们立刻投降，否则他们就要在没有位置的情况下用差牌付出更大的代价了。另一个备选方案是，先平跟 100，维持较小底池，并利用你的强牌和位置优势打翻牌后。但只有在以下情况你才考虑平跟：与对手相比，你具备明显的翻牌后技术优势，能够判断出什么情况下自己的顶对已经落后，在翻牌比较复杂时，不会因为这种牌力而在一个小底池中被淘汰。

行动：小盲弃牌，但大盲跟注 250。（两个玩家，底池 750。）

翻牌：Q♥J♣2♠

行动：大盲过牌。

问题：你该怎么办？

回答：下注 450。翻牌你击中了强牌，你应该继续下注获取价值。

行动：你下注 450，大盲跟注了。（两个玩家，底池 1650。）

转牌：8♥

行动：对手下注 100。

问题：你该怎么办？

回答：加注全下。底池有 1750，而你只剩下不到 1000 了。拥有顶对顶踢脚的你，不可能弃牌。所以现在就应该投入自己的全部筹码，迫使对手放弃这个大底池，或者对手在摊牌时亮出能打败你的超强牌。

3. 偷盲和反偷盲

价值加注和偷盲加注的区别

在讨论非常重要的反偷盲打法之前，我们先来学习了解如何对加注行分类。在中等盲注阶段，当牌手加注时，他的目的大概可以分为以下两种：

1. 直接偷取盲注。
2. 拿着好牌，希望获取价值。

如果你在加注者之后行动，你的重要工作就是努力识别或判断对手的加注主要是为了偷盲，还是为了价值而加注。分析的两个重要角度，一是加注者的形象，即打法的侵略性；二是加注者的位置。加注者玩得越被动，他用真正的强牌加注的可能性就越大。同样的，他所在的位置越靠前，越可能有强牌。

加注筹码与加注者自己的筹码以及盲注级别的相对数量也很重要。如果加注额与正常状态相比有些出人意料，往往预示着强牌。这是因为大多数玩家会有这样的心态：拿着超强牌时应该采用小心且狡猾的打法，而这通常意味着和平时不同的加注额。

比如，如果一个紧被动型的玩家，从来不在翻牌前加注，突然从MP1位置加注2个大盲，几乎可以肯定他有强牌。同样的，一个紧凶的玩家，总是在小筹码时全下，现在是短筹码，却突然从后位做一个最小加注，往往意味着他拿着强牌。

练习：对下列加注是价值加注还是偷盲加注进行大致的识别判断。每个例子里，假设所有人都弃牌到加注者。

1. 盲注级别 50~100：一个被动型的玩家（900）在身后还有 5

名玩家的时候加注到300。

2. 盲注级别100～200：一个紧凶型玩家（3500）在按钮位置加注到550。

3. 盲注级别50～100：一个非常凶的玩家（1500）从枪口位置加注到300。这个对手常规偷盲注的加注额也是300。

4. 盲注级别200～400：松被动型的小盲注位置玩家（1750），面对大盲玩家（2400）全下了。

回答：

1. 价值加注。一个平时被动型的对手在没有位置优势时采取了攻击性打法，应该判断他可能有较强的牌力。

2. 偷盲加注。一个紧凶型玩家从后位加注2.5-3个大盲注，几乎总是偷盲打法。

3. 价值加注。任何时候一个对手从前位加注，应该假设他有好牌。

4. 偷盲加注。当盲注很大时，所有人弃牌到小盲玩家，他直接全下，通常认为他在"偷盲注"。

注意这两者直接的区别并不是非白即黑这么明显，并且一个加注可能同时带有价值和偷盲的意图。但你仍然要考虑加注者决定加注的根本原因可能是什么。只有充分考虑这些翻牌前的信息，你才会在跟注后打得更主动，更聪明……

反偷盲（Rs-Steal，RS）

在锦标赛里有两种偷盲的加注：偷盲加注和反偷盲加注（Rs）。偷盲加注是从后位加注，试图直接赢下盲注。而反偷盲是从后位再加注，试图赢下盲注和最初偷盲者的加注筹码。

你应该在同时符合下面三个标准时才考虑反偷盲：

1. 在你之前行动的玩家的加注，你认为对手主要是为了偷盲注。把对手的加注判断为偷盲加注是反偷盲的基础，因为这增加了对手没有足够强的牌来跟注再加注的可能性。

2. 你有合理的潜在摊牌价值。很明显，你并不想拿着一旦对手跟注你就明显落后的一手牌来反偷盲。

3. 与你的当前筹码相比，对手加注后的底池很丰厚，但与对手筹码相比，当前底池还没有让对手套入底池，你再加注不会让对手因粘池而必须跟注。

我们会在后面的牌例中通过具体的例子告诉大家如何理解和应用这些标准。

反偷盲让你成为这一牌局上翻牌前最后的进攻者，在某位玩家已经加注后，通过投入你大部分或全部筹码表现出非常强的牌力。对手们经常会放弃甚至还不错的牌，而不是在某个对手展现出这么强的牌力时用他们整个锦标赛生命来冒险。此外，一旦你已经把大部分筹码都投入底池了，对手都知道不可能再把你从底池赶跑了。如果所有人都弃牌，你可以不用战斗就赢下了一个巨大的底池，包括原有的盲注和对手加注投入的筹码。

如果你的再加注被超强牌跟注了，那说明你认为对手是"偷盲加注"的判断是错误的。区分和判断偷盲加注和价值加注并没有精确的科学办法，但你应该在这之后仔细回顾这手牌，看看是否有什么线索显示对手最初的加注是价值加注。

如果你被非超强牌跟注了，尽管这同样是一个不受欢迎的结果，但至少你相比而言还不错的牌有相当可能赢下一个巨大的底池。你应该确认你和偷盲者的筹码都足够多，有可能迫使偷盲的对手因剩余筹码量而放弃他的加注，不要再加注一个已经粘池的对手，除非你认为你的牌力足够强。

对手完全可能随机用任何还凑合的牌或者平均程度的牌来跟注你的再加注，尤其是在低买入的单桌赛中而且对手是大筹码玩家时。如果出现这种情况，并且翻牌也没有帮到你，不要过于担心。从长期来看，你的这种攻击性打法会给你带来正回报的。

很多情况下，不论是弃牌，还是用冒着失去你全部筹码的风险去做一个大的反偷盲都是很艰难的决定。下面通过一些例子来分析在做出决定时要考虑的重要因素。

牌例 2-23

盲注：100 ~ 200，4 个玩家。

你的牌：你（1900）在按钮位拿着 K♠J♣。小盲（4500）和大盲（5800）最近都不太活跃，你也是。盲注很快就要增加到 200 ~ 400 了。

到你：松凶的筹码领先者（8000）首先行动，一个典型的小额加注到 400。

问题：你应该弃牌，跟注，还是再加注？

回答：反偷盲全下。底池里有 700，大于你 40% 的筹码。你有一手不错的有潜在摊牌价值的牌，并且筹码领先者偷盲的概率很高，一旦遭遇抵抗通常会放弃偷盲企图。

此外，外部形势也逼迫你需要冒险一搏。大盲注已经是你 10% 的筹码，很快大盲注还要翻倍，比赛只上下 4 人了，盲注的消耗很快，你需要尽快有所行动。这样的场合下，当你有一手不错的牌，并且对抗一个没有明显显示出牌力的对手，是理想的用全部筹码冒险搏杀的机会。

牌例 2-24

盲注：100 ~ 200，还有 8 人。

你的牌：你（1600）在大盲位置拿着 Q♠9♠。按钮位玩家（2400）是一个松的玩家，会习惯性地小额加注，并且刚刚被其他对手反击过。

到你：所有人都弃牌到按钮位，他小加注到 400。小盲弃牌。

问题：你该怎么办？

回答：全下。你有强于平均程度的牌力，并且根据你的观察，对手即使拿着边缘牌也会最小加注偷盲，所以你如果全下反偷盲，对手很可能弃牌，而不是用他大部分筹码去冒险（如果他跟注且输了，就只剩下 800 筹码了）。同时，从底池赔率看，底池已经有 700 了，接近你筹码（1600）的一半。即使全下被跟注了，你依旧还有不错的胜率，很可能高于底池赔率，因为你往往是在对抗只处于略微劣势的牌，比如 A♥T♠ 或 7♦7♥。

牌例 2-25

盲注：50 ~ 100，8 个玩家。

你的牌：你（2400）在大盲位拿着 K♠9♣。

到你：所有人都弃牌到按钮位的攻击型玩家（2300），他加注到 300。小盲弃牌。

问题：你该怎么办？

回答：弃牌。你有一手不错的牌，并且面对一个几乎确定是偷盲的加注。但是，这里跟注和加注都有问题。如果你跟注了，你是在没有位置的情况下打一个比较大的底池（650）。即使你击中了翻牌，如果对手也中了而且有更好的踢脚，你也可能输掉底池。

另一种打法，再加注全下就是冒着 2300 的风险去赢 450，现在盲注压力还不大，这种投入收益比不划算。做小额再加注看起来更有道理一些，但实际上也差不多，因为如果对手不弃牌，你已经基本让自已粘池，在你还有大于 20 个大盲注时，没有必要冒这么大的风险。

牌例 2-26

盲注：200 ~ 400，7 个玩家。

你的牌：你（4500）是筹码领先者，在按钮位拿着 K♠Q♠。紧凶型的盲注玩家，每人都有大约 2000 筹码。

到你：松凶型且筹码第二多的玩家（3800）从 HJ 位置加注到 1000。

问题：你该怎么办？

回答：全下。松凶型玩家不太可能冒着出局的风险轻易全下。底池现在有 1600 之大，如果能不遭遇抵抗地拿下，会帮助你远远领先同桌的其他对手。并且即使被跟注了，你也只明显落后于几个超强牌——AK、AQ、AA-QQ，其他牌并不落后多少。

牌例 2-27

盲注：100 ~ 200，还有 7 人。

你的牌：你（2100）在小盲位置拿着 A♠3♠。按钮位玩家（2600）是紧凶型的。

到你：所有人弃牌到按钮位的玩家，你之前看到过他进行过偷盲加注。他现在加注到 500。

问题：你该怎么办？

回答：再加注全下。这是一个很明显的偷盲加注，并且你有不错的牌。紧凶型玩家在偷盲时，遭遇反偷盲时反而是很谨慎的，除非他们粘池，否则很可能会弃牌。如果你被跟注了，你的同花 Ax 不可能落后超过 2：1，除非对手正好是口袋对 A（即使对抗 KK 或 A-J，你依旧有接近 2：1 的胜率）。

牌例 2-28

盲注：100 ~ 200，9 个玩家。

你的牌：你（1900）在庄家前位拿着 A♠T♣。

到你：所有人弃牌到松被动型的 MP3 位置玩家（3600），他加注到 750。

问题：你该怎么办？

回答：弃牌。首先，当一个松被动型的玩家从中位加注时，由于位置比较靠前，这往往意味着对手有强牌。另外一点是，你在翻牌前直接赢下底池的机会不大，因为他只需要再放入 1150 筹码，直接弃牌的概率不高。而且，你身后还有 3 名玩家没有行动。如果盲注级别更高时，这种情况下选择搏一搏比放弃底池要好。但现在还不到这个时候，应该放弃这手牌。

牌例 2-29

盲注：100 ~ 200，6 个玩家。

你的牌：你（2000）在大盲位置拿着 2♠2♣。

到你：所有人弃牌到小盲注位置玩家（2400），他加注到 600。

问题：你该怎么办？

回答：再加注全下。这是一个条件很不错的反偷盲的机会。加注来自于小盲注，所以你应该假设这是一个偷盲加注，底池已经有 800，相当于你 40% 的筹码，对手弃牌的话你能赢到丰厚的筹码，并且你现在的筹码足够大，对手并没有粘池来跟注你的再加注。最后，你拿着 2♠2♣，只要对手不是口袋对你都不落后，即使他拿着 A♥Q♥ 这样的牌跟注时，你也略占优势。

牌例 2-30

盲注：100 ~ 200

你的牌：你（1400）在按钮位拿着 Q♠9♠。

到你：所有人弃牌到紧凶的按钮前位玩家（3000），他加注到 500。

问题：你该怎么办？

回答：弃牌。你有不错的牌，并且已经属于短筹码的状态，所以加注反偷看起来很诱人。但是，你的筹码已经使得对手的弃牌率不高了，紧凶型对手只需要跟注另外的 900 筹码，基本不会弃牌。底池赔率太大了，并且输了对他的打击也不够大，即使最保守的玩家也不会面对你的全下而弃牌。

此外，你的牌落后于对子或更高的高牌。保持进攻性的想法是好的，但需要小心地选择时机。这里你的牌不是强牌，还没有绝望到必须立刻有所行动的时候，并且对手大部分时间里会用（往往是略微）好于你的牌跟注，这里不是采用行动的好时机。

牌例 2-31

盲注：50 ~ 100，9 个玩家。

你的牌：你（2000）在按钮位拿着 A♠T♠。盲注玩家（1400 和 1900）都玩得很被动。

到你：紧被动型的 UTG+1 位置玩家（1800）加注到 300。所有人都弃牌到你。

问题：你该怎么办？

回答：弃牌。你在后位有一手质量不错的牌，面对一个加注者，和两个被动型的盲注玩家，而对手现在的加注应该判断为价值加注，所以如果你入池，往往面对明显强于你的牌：更好的 A 或口袋对 J 以上的牌。另外，你是在用全部筹码来冒险，目的在于赢取底池中的 450，这小于你 1/4 的筹码。你有不错的筹码量和位置，还没有压力来必须采取行动。留下你的筹码，等待更好的机会。

现在我们来探究一下翻牌前行动的微小变化所导致的牌桌影响。

牌例 2-32

盲注：50 ~ 100，9 个玩家。

你的牌：你（2000）在按钮位拿着 A♠T♠。盲注玩家（1400 和 1900）都玩得很被动。

到你：所有人弃牌到凶的 HJ 位置玩家（2100），他加注到 400。松被动型的按钮前位玩家（2900）跟注了。

问题：你该怎么办？

回答：再加注全下。和上一手牌相比，这手牌有两个关键的不同点：

1. 尽管已经有 2 个玩家进入了底池，但显示出来的牌力较弱。一个凶的玩家从中位做了一个标准的偷盲加注，被一个大筹码的被动型玩家跟注了。与单独一个被动型玩家从前位加注相比，现在的情形危险反而要小不少，因为 HJ 玩家的目的很可能是偷盲，并且被动型按钮前位的玩家只不过是跟注，也没有显示出很强的牌力。

2. 桌上已经有了 950 的筹码，这接近你筹码的一半，如果你能直接赢下底池的话，无论从筹码价值还是资金价值看，都有很大的提升。如果按钮前位玩家弃牌，底池只有 550，你反偷盲成果就少得多了。

拿着像 A-T 同花这样不错的牌，你现在应该利用上面分析的有利条件，用你全部的筹码采取攻击性最强的打法。

下面是这手牌里体现出的非常关键的反偷盲原则：

考虑是否反偷盲时，同样的情况下，与只面对一个偷盲者相比，如果有一个偷盲加注和一个（或数个）跟注者，你应该在后面情况下更倾向于反偷盲。

这是因为每个后面的跟注者都会让底池增加许多，但并没有展现出更强的牌力。当然，个别狡猾的玩家有时候可能会用 AA 或 KK 平跟。但通常而言，第二个跟注进入底池的玩家，没有再加注，是示弱的表现，你应该在牌力允许且底池很大时攻击这个弱点。

4. 攻击被动和频繁加注的对手

高盲注溜入者（HBLs）

不管什么时候，只要你发现某个玩家在低盲注阶段之后仍有持续的溜入，就给他做个"高盲注溜入者"（High-Blind Limpers 或者简写为"HBL"）的标记，作为对他的备注。你只有注意到这个玩家不止一次这样的打，并且在你归纳出这个信息之前，即他在中或高盲注阶段溜入后，在摊牌时亮出过不强的底牌。如果没有以上的综合信息，你的盲目操作可能遭受一个虽然溜入，但实际上拿着强牌的攻击性玩家的再加注攻击。

一旦你确定某个对手确实是个 HBL，你应该有意识地用正常情况下更多的牌来加注他，给他施加压力。注意观察并努力了解到你的对手在中高盲注阶段是否会拿着强牌溜入，这是很有价值的信息。如果你是小筹码（小于 10 个大盲注），且在 HBL 之后的后位行动，现在他又溜入了，在你后面没有人会再进入底池的情况下，你通常应该用像：

这样的边缘牌或类似小口袋对、中等同花连牌这样的投机牌全下。因为底池中已经有接近你筹码 1/4 的数量，并且没有人显示出牌力，这是一个非常好的用说得过去的牌力和位置来采取行动的机会（满足以上条件的情况下，碰到没有想到的玩家用超强牌跟注的可能性最小化了）。这个重要的主题将在"第三部分：高盲注阶段打法"中进行更详细的讨论。现在，先看几个例子。

牌例 2-33

盲注：100 ~ 200

你的牌：你（1300）在大盲位拿着 K♠9♠。

到你：所有人弃牌到松被动型玩家在按钮位（2400）跟注。他在 50-100 和 100-200 的盲注阶段已经溜入了好几次了。小盲注弃牌。

问题：你该怎么办？

回答：全下。底池是 500，接近你 1300 筹码的 40%。（记住大盲是你在发牌前已经强制投入的，已经不能算作自己的筹码，应该看作是和底池中其他筹码一样）按钮位牌手看来是一个高盲注溜入者，并且从之前的观察看，溜入后没有展现出真正的牌力，而你有一手还不错的牌，利用这些理想的条件，应该加注全下。

牌例 2-34

盲注：50 ~ 100，还有 9 人。

你的牌：你（2400）在 HJ 位置，拿着 A♠Q♠。

到你：一个松被动型的对手（1800）从 MP1 位置溜入，所有人弃牌到你。

问题：你该怎么办？

回答：加注到 350。你的牌很强，不可能弃牌，但是底池只有 250，而你的筹码有 2400，全下的话潜在收益太低，而风险又太大。而且，因为对手很松，还不知道他是普通的溜入者还是拿着超强牌。所以利用你的位置和牌力，做一个标准的一个底池大小的加注。

翻牌：5♦4♥2♠

行动：对手过牌。

问题：下注，还是过牌？

回答：下注 450。即使被跟注了，6 张高牌几乎可以肯定是你的补牌，你还有单顺听牌和后门同花听牌，合计大约有 40% 的机会得到提升。你的牌大概是现在最好的牌，并且由于你在翻牌前展现出来的攻击性，半个底池左右的下注非常合适。如果对手错过了翻牌，很可能会弃牌。但是如果他加注了，你应该弃牌（很可能是面对中等超对，如 7♥7♠ 这样的牌）。

注意一个底池大小的下注有点过大了。你翻牌前已经展现了牌力，并且翻牌做了一个合理的下注，如果对手不准备弃牌，另外的几百筹码也不太可能让他弃牌。

牌例 2-35

盲注：100 ~ 200，8 人。

你的牌：你（2400）拿着 A♠8♠ 在按钮位。

到你：一个紧的牌手（1800）在第二个位置溜入，然后其他人弃牌到你。

问：你怎么办？

答：弃牌。一个紧的牌手在前位溜入很有可能是在设陷阱。还有 12 倍大盲的筹码，再加注全下太冒险。而且你后面剩下的三人只要跟注你或再加注全下，都会让你感到绝望，何况这个平跟的对手还有行动机会。

现在你还有 10 倍大盲注以上的筹码，还没有到殊死一搏的最后时刻。你在短筹码时更倾向于搏杀，现在筹码还算多，没必要在情况不明时发力，一把就把自己搞残了，现在还没这个必要，所以应该弃牌。

同样的手牌，现在我们看另外一个可以积极进攻的环境。

牌例 2-36

盲注：100 ~ 200，底注 25，8 人。

你的牌：你（1800）还是拿着 A♠8♠，在按钮前位。

到你：前面一直弃牌到 HJ 位的高盲注溜入者（2400），他跟注。

问：怎么办？

答：全下。你的筹码相对更短，而且底池上的死筹码越多的时候，你越倾向于采取行动。现在你只面对一个不太可能是在设陷阱的对手，现在所有的条件都符合加注全下的行动逻辑，你应该搏杀，所以不用担心，全下！

有多个高盲注溜入者的情况

在前面的章节，我们考虑了有第二个玩家在前面跟注，其他人加注时对你翻牌前反偷盲的影响。类似的，在有另一个高盲注溜入者也加入牌局的时候，对你翻牌前反偷盲行为的影响也非常大。下面是关于有多个高盲注溜入者时的重要打法原则：

第一个牌手在中盲注或高盲注阶段溜入时有可能持有超强牌，但之后的跟注溜入者很少有拿着超强牌设陷阱的。

解释：这跟之前介绍的反偷盲时的情况很像，当时是指一个加注偷盲者和一个跟注者，这里是一个溜入者和一个跟注者。可以认为，一个玩家，即使观察到他是一个高盲注溜入者，他也有可能拿着超强牌为了引诱后面的人为偷盲而溜入。

但第二个跟着溜入的就几乎不可能是在设陷阱了，因为已经有一个溜入和大小盲在底池了，如果拿着强牌，肯定要加注的。后面继续跟注的玩家，很可能是因为发现池底赔率特别合适，所以跟了，他们的牌一般是比较弱的。

所以，无论是有一个或多个高盲注溜入者，你如果进行一个大额加注，被一个中等强度牌跟的几率基本差不多。但是在多个高盲溜入者的时候，你进行加注攻击直接拿下底池时获得的筹码并不一样，多个高盲注溜入者让你可获得更多死筹码。因此，同样情况下，多个高盲注溜入者增加了加注攻击底池的吸引力。

下面的牌例就是讲解怎样分析和应对多个高盲助溜入者的情况。

牌例 2-37

盲注：100～200，8人。

你的牌：你（1400）拿着T♠9♠，在大盲位置。一分钟后盲注会涨到200～400。

到你：翻牌前，两个高盲注溜入者（2400和1900）分别在前位和中位溜入，打得更紧的按钮位（3000）跟，小盲（1200）也跟。

问：你过牌还是加注？

答：全下。底池已经有1000了，没有哪个对手显示有特别强的牌，而且你手牌也不错。你必须早点行动以免被盲注吃掉，所以现在应该全压。

在这种情况下，你全下会有三种可能的结果：

1. 其他人都弃牌。这不是不可能。第一个溜入者你已经观察到就是一个HBL，而且他玩得很松很被动，且对位置和池底赔率没有太多理解；他一开始很喜欢自己的牌，所以习惯性地溜入，但现在面对你的强势全压，他的牌里可能没有直接对抗能力，筹码也损失不起，有可能直接弃牌。剩下的人，基本上是因为受到池底赔率吸引跟进来的，很可能也不会跟注你的全压。

这种情况下，你不用看翻牌就能直接用1400赚1000，大获全胜。

2. 一个高盲注溜入者跟注，其他人弃牌。出现这种情况又分为两种情形：一是第一个高盲注溜入者确实在设陷阱；二是第一个HBL弃牌了，但第二个HBL拿着还不错的牌，看到诱人的底池赔率，想跟你赌一把运气：他经常是基于直觉跟注，而不是逻辑分析或理性判断。这种情况，你差不多就是在5∶5到4∶1（比如你是小对子，对手是更大的对子，那你是处于4∶1的巨大劣势）的获胜赔率，但底池的死筹码现在是600，接近你自己筹码（1400）的一半。

另外，中等的同花连牌对上强牌时获胜概率还不错，翻牌前差不多3∶2的劣势是最差的情况了。比如，你对AK不同花有40%的胜率（进一步的讨论见附录D：翻牌前的获胜概率表）。假设一个高盲溜入者跟注你的全压后，保守起见，如果你面临2∶1的获胜劣势，这种情况下，你的cEV是–133：

$$-133 = (1/3) \times (1400+1000) + (2/3) \times (-1400)$$

如果对手拿着小口袋对跟注，这时你们的获胜概率基本一样，由于有大量死筹码的存在，这时你有比较大的正期望收益。

3. 多个高盲注溜入者都跟。虽然这是很可怕的结果，但实际上可能性不大。因为这意味着，一个溜入跟注者看到你全下了，而且看到另一个牌手跟注了你的全下，然后他还是决定要跟着全下，这种可能性不大。当然，任何情况都有可能（特别是在低买入的比赛），但无论如何，出现这种情况的概率还是小的。

以上三种情况中，第一个情况所有人都弃牌当然最理想，至少有30%可能吧。如果我们假设第三种情况发生概率是10%的话，并假设平均而言你亏损一半的筹码；第二种情况，即只有一人跟注发生的概率是60%。总体而言，你加注全压的期望收益是150。

$$150 = (0.3) \times (1000) + (0.6) \times (-133) + (0.1) \times (-700)$$

因为你的筹码不多了，所以你亟需看准时机行动。这个行动有很好的期望收益，给了你足够的理由。盯住底池中已经比较丰厚的死筹码，面对一群玩得很被动的对手，义无反顾地全下吧。

牌例 2-38

盲注：100 ~ 200，8 个玩家。

你的牌：你（3800）在按钮前位，拿着 K♠Q♠。

到你：两个松玩家（3100，1400）在中期位置溜入，其他人都弃牌到你。

问：怎么办？

答：加注到 750。桌上已经有 700，没有人显示出有强牌，你不能弃牌。对你 3800 的筹码来说，全下显然太重了。可以跟注，但是显得太弱。所以，做一个和池底差不多的加注。如果你立即拿下的话，很好。如果被跟了，你的牌适合很多翻牌。如果第一个溜入者或者另一个大筹码的玩家再加注的话，你还可以选择弃牌而安全撤离，你还剩下 3000 筹码，还可以继续玩下去。

牌例 2-39

盲注：100 ~ 200，8 个玩家。

你的牌：你（1700）拿着 2♠2♣，在 HJ 位。

到你：一个紧被动玩家（2600）在中间位置溜入，另外一个紧玩家（2350）在你前面跟注。

问：怎么办？

答：加注全下。你的牌不错，在没有人显示出牌力的时候，底池已经有 700 筹码了。你要考虑的是前面溜入者玩得是紧是松。这是一个值得认真思考的问题，但无论如何，你仍然应该全下。对于仅有 1700 筹码的你来说，700 还是挺多的。首先，第二个跟着溜入的人不可能在设陷阱，因为他面对已经有一个溜入者的情况下并没有加注。

如果已经知道第一个溜入者是紧凶风格，并且你有强烈的感觉认为对手这种中间位置溜入很可能是在慢打强牌，那应该考虑直接弃牌。但如果对手是被动型牌手，即使他打得紧，现在只是跟注而不是加注，那也很难去接别人的全下。综合以上分析，你现在应该全下，底池已经有700了，你只有1700，在马上就要涨盲的情况下，你这么做有很不错的正期望价值。

牌例 2-40

盲注：50 ~ 100，9 个玩家。

你的牌：你（770）拿着 Q♠4♣，在大盲位。

到你：一个高盲注溜入者（3100）在 UTG+2 溜入，被按钮前位（3900）跟注，其他都弃牌。

问：怎么办？

答：过牌。如果你全下，很可能会被跟，他俩都是大筹码。你的加注不足以威胁二人中任何一人的筹码。你需要更好的牌来做进攻，这手牌显然不合乎标准。所以还是免费看翻牌吧，如果有击中的话，再做进一步的打算。

牌例 2-41

盲注：100 ~ 200，7 个玩家。

你的牌：你（1480）在按钮位拿着 K♠T♣。

到你：一个高盲注溜入者（2300）在前面位置跟注，中间位置有两个松玩家跟注（分别有 1800，2600）。

问：怎么办？

答：全下。底池已经有 900，超过你筹码的 60%。没有人显出有强牌，你有一手不错的牌，可以全下！

如果你没能抓住这个优势机会去博杀将是一个错误。其中一个入局者可能会跟你，他可能有一对或两张高牌。但是为了能直接赚到 60% 以上的筹码，还是值得冒险的。

在任何你有合理手牌的时候，而且此时你有机会立即赢得和你筹码差不多大的池底时，考虑弃牌率因素（其他人有可能全都不跟），强烈建议直接全下。

诈唬

在这本书里有很多半诈唬的实例。纯诈唬的情况倒是不多。你应该节制地控制自己在既没有成牌、又没有牌力提高可能性的情况下单纯用诈唬的方法让对手弃牌，特别是在低筹码阶段的时候。虽然这么说，但是确实有几种情况，完全的诈唬是最佳打法。

最典型的例子是翻牌持续下注，如果翻牌前你是进攻者，翻牌后什么都没击中，但你唯一的对手示弱，他过牌。这时候你可以持续下注，继续扮演进攻者角色。（如果在一个都是低牌的翻牌，你有两张高牌时持续下注，也可以认为属于半诈唬，因为你有 6 张高牌可以作为补牌。）

另外的例子是在中高盲注阶段，如果只有一个小底池，一个平跟入池（通常是小盲）的，你是大盲。翻牌如果是一对和一张低牌，如：

对手过牌过，你稍微做个小下注，很可能立刻拿下底池。如果对手主动进攻，直接做了一个小的下注，你可以考虑做一个中等大小的诈唬加注，如果对手没有直接弃牌，那你后面就准备放弃对这个底池的争夺吧。

注意，在上面的牌面结构下，只有5张牌能让对手击中牌面，所以一般情况下，你的下注和加注都可以诈唬成功，他不大可能那么巧击中。但是，在低筹码阶段不要在打得很松的玩家身上尝试，因为对这种风格的牌手来说，在这个阶段，任何两张牌他都可以用来下注和加注。

牌例 2-42

盲注：100 ~ 200，6人。

你的牌：你（2440）在大盲位拿着 T♥2♠。

到你：前面全部弃牌到被动的小盲（2400），他跟注，你过牌。（两个玩家，底池 400。）

翻牌：A♠K♥3♦

行动：他过牌。

问：过牌还是下注？

答：做个 200 的小下注，对手不太可能击中了牌面的任何一张，只要你下注，而且拿下池底的机会会比 1/3 大，期望值就是正的。实际上，基本上这种情况能有 50% 的成功率，所以这个诈唬还是有利可图的。

牌例 2-43

盲注：200 ~ 400，底注 25，4 个玩家。

你的牌：你（6800）在小盲位拿着 K♥6♥，大盲（5100）很紧。

到你：所有人弃牌。

问：跟注、弃牌还是加注？

答：跟注。底池已经有 700 了，只需要 200 就有机会看翻牌。池底赔率很好，而且你的牌算中等偏上，你不能轻易弃牌。加注到 1200 或者全下也是可行的打法，但有效筹码在 10 倍大盲注以上，你拿着还可以在翻牌后打的手牌时，直接跟注是你最好的策略。

行动：你跟注，大盲过牌。（两个玩家，底池 900。）

翻牌：J♥J♣2♥

问：过牌还是下注？

答：下注 500。对手拿着 J 的概率很小，如果他有口袋对的话翻牌前肯定是要加注你的。同时，翻牌前你平跟，现在又主动下注，表明你有点东西，你的对手很紧，可能直接放弃，不会再扔筹码了。如果他又有动作，你也不用多想，弃牌吧。

最后，有时候你应该在对手不多，并且都显示出有很弱牌力的时候诈唬。看下面的例子：

牌例 2-44

盲注：25 ~ 50，8 个玩家。

你的牌：你（1500）在小盲位拿着6♦5♦。按钮位（1940）很紧很被动，大盲位玩家你不了解（1320）。

到你：前面一直弃牌到按钮位，他跟注。你的牌很有投机性，底池赔率是 5：1，你决定跟注，放入 25。大盲过牌。（现在 3 个玩家，底池 150.）

翻牌：K♣J♣3♦

问：该过牌还是下注？

答：过牌。你没有击中，有两个高牌出现，你后面还有两个玩家要说话。这里不要诈唬。有任何人下注，弃牌，无人则过牌。

行动：每人都过牌。

转牌：3♥

问：下注还是过牌？

答：继续过。虽然很可能没人有牌，但是你的牌一点都没有提高，所以还是接着过。

行动：你的对手们全在观望，都过牌。

河牌：2♣

问：过牌还是下注？

答：下注 75。在有位置优势的情况下，他们过了两次牌，明显显示出了弱势。最后一张 2 基本上不会对他们有什么提高。最后，如果你也过牌的话，你没有开牌价值，没有任何机会赢得这个底池，因为你的牌实在太小。所以这里应该诈唬，下注 75，底池赔率 2：1，你被跟注的概率估计为 50% 吧。

翻牌后的进攻型打法

比赛进行到中盲注和高盲注阶段的时候，有时你需要在翻牌后采取一些更激进的进攻型打法。本节通过几个例子来说明翻牌后的进攻型打法。在这里，我们分析一些需要考虑更积极主动进攻的情形，包括你在翻牌击中了比较不错的牌，或者你是盲注但翻牌有听牌，或者翻牌虽然有击中，但牌力很脆弱，很容易在后面被超越的牌。

牌例 2-45

盲注：100 ~ 200，9 个玩家。

你的牌：你（1500）在大盲位拿着 K♠5♥。

到你：筹码领先的松凶玩家（4800）在 MP1 溜入，一个松的玩家（2400）跟注，小盲（1800）也跟注。

问：过牌还是加注？

答：过牌。如果加注全下也可以，但是这里很可能被大筹码的松手跟注。如果出现单挑赌运气，你的投机牌形势不妙。（4 个玩家，底池 800。）

翻牌：J♣5♦3♠

行动：小盲过牌。

问：怎么办？

答：过牌。面对 3 个对手，你只是中间对子，你不应该过早出手，因为对你的小筹码来说，任何下注都会使自己套入这个已经有 800 的池底。你的中对确实很麻烦，不够强，何况有 3 个对手，信息也非常少。

但你的牌并不是一点机会没有。如果大家都过牌，给了你一个提高到两对甚至三条的免费看牌机会。如果翻牌有人下注，很可能是第一个溜入的那个松凶的家伙，他在你左边。如果他下注，你对剩下二人有位置优势，可以根据他俩的反应来决定如何对付松凶者的下注。

行动：你过牌。松凶下注 500，其他人弃牌到你。

问：弃牌，跟注还是加注？

答：全下。松凶牌手现在手里的牌有很多可能性：两张高牌，小、中、大的对子，KQ，Ax 同花，等等。但是现在池底已经有 1300 了，你的筹码是 1500，就算他跟，你后面也会有 20% 以上的机会提升到两对。这是值得赌一把的情况，特别是与盲注相比，你的筹码已经不多了。

如果还有其他人在你后面还可以行动，那你就得保守一点了，还是扔了吧。但是一个大筹码的凶玩家在看到前面所有人都过牌的情况下下注，他的牌范围很广。现在你只要全下，就只需要跟他单挑了。所以就是看重这一点，你要抓住机会在这里全下。

牌例 2-46

盲注：50 ~ 100，7 个玩家。

你的牌：你（1600）在按钮位拿到 A♠K♣。

行动：其他人弃牌到你。

问：怎么办？

答：标准加注 2.5 ~ 3 倍大盲注。

行动：你加注 300。小盲弃牌，大盲（2400）跟注 200。（现在有两人，底池 650。）

翻牌：A♦9♦3♦

行动：他过牌。

问：过牌还是下注？

答：下大一点的注。你几乎可以肯定现在是最好的牌。但如果再来一张方片，你的牌可能就被毁了。进一步，与你的剩余筹码相比，底池已经占很大比例了，你的下注可能被比你差的牌跟注，如踢脚差一些的 A 牌或 K♦X。做一个大一些的下注，迫使对手立即弃牌或者让对手拿比你差的牌跟注，从而套入池底。

牌例 2-47

盲注：50～100，9 个玩家。

你的牌：你（1800）在大盲位拿着 8♣2♣。

到你：有 3 个玩家跟，小盲也跟，你过牌。（5 个玩家，底池 500。）

翻牌：J♣8♠3♣

到你：小盲（2100）过牌，你也过。第一个溜入者（2200）下 300，另一个玩家（4000）跟注，另一个弃牌。

问：怎么办？

答：全下。你中间对子加听同花，你有 14 张补牌有机会组成两对或更强的牌，这种情况下即时面对 A♥J♥ 这样的强牌，你也与对手有同等获胜机会。同时，池底已经有 1100 了，超过你筹码一半。即使最差的结果，比如你被暗三条跟注，你还是有 30% 的获胜机会。

这种情况下，你有三个有利条件：

1. 你是凶的玩家。
2. 你有很好的底池赔率。
3. 你至少不会落后于对手，即使对手有顶对大踢脚这样的强牌。

注意，翻牌后率先下注也是一个可行方案。但我还是更喜欢过牌-加注。因为如果你下和池底一样大小的注，然后后面有人加注迫使你全下的话，你要么被迫弃掉，要么跟注全下，这时几乎肯定不会领先了。而过牌—加注策略让你可以有更高的弃牌率，而且即使大家都全压比运气，你也有相当一部分情况下是领先的，而另外一部分情况是抛硬币，因此我推荐过牌—加注（check-raise）的打法。

5.中盲注阶段重要的观念

独立筹码模型（ICM）

之前我们讨论了筹码期望值和单桌锦标赛权益的区别。ICM 是一个计算方法或程序，把所有选手的筹码量（和每个名次对应的奖金）作为输入变量，程序会计算出每个选手相应的锦标赛权益。因为 ICM 的计算非常冗长，且有成熟的软件可以帮助你直接计算出来，所以你只要知道 ICM 的基本原理就可以了，并不需要亲自去算。

这里是一个简单的演示性例子。考虑 10 人的 SnG，有 3 个选手进入奖励圈，前三名奖金分别是 1000 美元、600 美元、400 美元。现在奖励圈已经产生，还剩三名牌手，他们的筹码分别为：

A5000

B6500

C2000

如果这个 SnG 是赢者通吃（WTA）玩法，每个牌手的胜率就可以很简单地用除法算出来（玩家 X 的筹码/总筹码）。因此，假如有 3 个平均水平玩家，他们获胜的机会就是各自筹码占总筹码的比例。ICM 模型的计算开始于这些简单的假设和比例，如 A 玩家获胜的概率是 0.37。

$$0.37 = \frac{5000}{5000+6500+2000}$$

将某个玩家获得第几名简写为 Pr（X Nth），相应的 B 和 C 获得第一名的概率为：

$$\Pr(B\ 1st) = \frac{\$6500}{\$13500} = 0.48$$

$$\Pr(C\ 1st) = \frac{\$2000}{\$13500} = 0.15$$

现在，玩家 X 的期望权益值 Eq（X）等于：

Eq（X）=Pr（X 1st）×（\$1000）+Pr（X 2nd）×（\$600）+Pr（X 2rd）×（\$400）

这和其他任何期望值计算没有差别。玩家 X 的期望美元权益等于他获得第一名的概率乘以得到的奖金，加上获得第二名的概率乘以得到的奖金，以此类推。

我们知道上述等式中的奖金分配在开始就确定好的。并且，我们看到每个玩家的概率 Pr（X 1st）仅做了简单的除法进行确定。现在的问题变成了这次没有获得第一的话，他们的名次变成第二或第三的概率是多少？

让我们从玩家 A 的角度考虑这个问题。假设我们知道玩家 B 会赢，我们可以暂时忽略 B 的筹码，而关注 A 现在的筹码和 C 现在的筹码，计算谁会是第二或第三的概率。特别的，A 现在有 5000 筹码，C 有 2000 筹码。如果 B 是第一，则 A 获得第二名的概率是 71%。

$$0.71 = \frac{5000}{5000+2000}$$

类似的，如果 C 赢，A 获得第二名的概率大概是 43%（5000/11500）。

因此，A 玩家获得第二名的概率是 0.41：

Pr（A 2nd）=Pr（B 1st）×Pr（A 打败 C 得第二）+Pr（C 1st）×Pr（A 打败 B 得第二）=0.37×0.71+0.15×0.43=0.41

玩家要么第一，要么第二或第三，因此，得到这三个名次的概率加起来应该等于 1。因此，Pr（A 3rd）=0.22

$$Pr（A\ 3rd）=1-Pr（A\ 1st）-Pr（A\ 2nd）$$
$$=1-0.37-0.41$$
$$=0.22$$

对 B 和 C 也可做类似计算，得到如下概率：

玩家	筹码数	Pr（1st）	Pr（2nd）	Pr（3rd）	权益
A	5000	37%	41%	22%	?
B	6500	48%	37%	15%	?
C	2000	15%	22%	63%	?

现在把这些概率应用到 Eq（X）中，我们可以得到 ICM 模型计算的权益期望值：

玩家 A 的期望权益 =$704

类似的计算玩家 B 和 C 的权益得到：

玩家	筹码数	权益
A	5000	$704
B	6500	$764
C	2000	$534

这是 ICM 模型的基本原理，现在考虑两个经常被问到的关于 ICM 的问题：

1. ICM 如何使用？
2. ICM 的局限性在哪？

关于第一个问题，ICM 模型告诉你可以根据 SnG 锦标赛权益思考，而不是筹码期望值。比如，在 SnG 中，你正考虑一个 400 筹码的全下跟注（全下会结束行动）。相关计算如下：

跟注的权益 =Pr（你赢了这手牌）×（你赢了以后的权益）+ Pr（你输了这手牌）×（你输了以后的权益）

（从严格意义上讲，还要考虑平分底池的概率，因为这种情况出现得很少，所以这里暂时忽略不考虑。）对第二个问题的解释，我们在本小节最后给予回答。

因此，ICM 的计算结果协助你考虑每一次决策用美元作为计量单位的期望权益。与上面类似，如果你考虑是否应该主动全下，从 ICM 的角度考虑期望权益：

跟注的权益 =Pr(对手弃牌)×（赢得桌上筹码以后的权益)+ Pr(你对手跟注)×【Pr（你赢了）×（你赢了以后的权益）+Pr（你输了）×（你输了以后的权益）】

同时，如果你弃牌：

弃牌的权益 = 你现在筹码的权益

即如果你弃牌，你的筹码不会发生变化，因此，你的权益也没有发生变化。

因此，ICM 模型能够为你提供关于跟注、全下或弃牌是否能够增加你的锦标赛权益的信息，同时，ICM 可以作为你长期获得权益的参考指标。另外，有大量的软件可以自动生成这些对你来说很耗时费力的数据计算。两个很好的软件都可以对上述结果进行计算—SNG Power Tools 和 SNG Wizard。你需要做的是，当你考虑是否跟注的时候，你的对手可能的合理全下的手牌范围，或者对手可能跟注的手牌范围（你考虑主动全下时），输入这些参数，这些软件会直接输出你的期望权益。

使用 ICM 详细讨论弃牌/跟注策略的相关牌例在"第三部分：高盲注阶段玩法"中的"泡沫期玩法"进行详细介绍。

下面我们来回答刚才提出的第二个问题作为本节的总结：ICM 的局限性在哪？

关于这个话题的观点和争议很多，但不管何时使用 ICM，这里首先有一个重要的提示：

ICM 并不考虑牌手的技术和相对位置因素。

比如，你是 SnG 专业玩家，在 $109 买入的 SnG 中，水平明显强于普通玩家。你发现自己在有 9 个弱玩家的一桌上打牌，你想预估自己刚开始时的权益。比赛开始时每个人都有相同筹码，因此都有相同的 $100 对应的 ICM 权益。但如果考虑技术因素，理论上讲你的权益应该比 $100 要高，因为你比所有对手水平都高不少。

下面看一个有启发意义的具体例子。假如有 3 个鲁莽型玩家在你右边，3 个紧被动型、不会防守盲注的玩家在你左边。盲注已经很高，你的筹码很多。这种理想的牌桌环境使你实际的权益比 ICM 模型计算出的结果大不少，在这种情况下，会让你更倾向于稳健，不轻易和对手搏杀，简单的理解就是你的比赛生命更值钱。如果一个决策用 ICM 计算的期望权益为很小的负值，你应该弃牌。比如说，一个鲁莽的对手全下时，你的牌虽然还不错，但不是足够强，你应该选择弃牌。

当你的整体水平高于对手时，放弃这种小的边缘价值是正确的决策。你应该抓住更好的时机对紧的对手进行积极主动的偷盲，冷眼旁观鲁莽的对手将其他玩家挤出局，而你等待恰当的时机去收拾鲁莽玩家，长远来看，这种策略能使你的权益大很多，在这个意义上，SnG比赛中不是每一个微小的正权益（slightly positive equity）都要立刻抓住，而是要有战略思维。

反过来，如果你是个新手或经验不足的普通玩家，像上面这种情况（有不大的正权益）基本就是跟注。除非你是一个经验丰富的玩家，否则如果ICM模型表明某个行动是正期望权益的，你就应该努力抓住这些机会。

如何对抗紧凶的对手

随着参赛规格的提升，你会发现牌桌上很多使用紧凶策略的玩家。通常来说，要尽量不要和这些玩家同桌竞技，特别是当他们坐在你上家的时候，可能会降低你的锦标赛权益。（详细讨论见第四部分：单桌赛职业玩家的"牌桌选择"。）

如果你面对另一个紧凶玩家，在脑海中想象一下自己是怎么打牌的，他的风格应该和你差不多。而且，你应该试着判断他是否意识到你也是个不错的玩家，并作出相应的调整。判断出他对你的印象将对你击败他有很大的帮助，并获得很大的优势。

牌例 2-48

盲注：200 ~ 400，7个玩家。

你的牌：你（3600）在小盲位拿着 A♦A♣。大盲是个同时开多桌的紧凶玩家，放入盲注后还剩下 1800。

行动：每个人都弃牌到你。

问：你怎么办？

答：跟注。这种牌手的水平会让他们经常找机会攻击玩得被动的玩家。对手因为同时开多桌比赛，经常因为要照顾多个牌桌而忙得没有精力分析对手的风格，因此他很可能不知道你是否是那种平跟设陷阱的选手。你平跟溜入，他很可能全下再加注，因此你这里应该溜入，给对手设置陷阱。

在上面这个牌例中，如果大盲位牌手是松的（或者除了紧凶之外的其他风格），可以只是做一个小小的加注。不管是哪个情况，你的牌足够应对任何单挑，只有很少的翻牌会让你担忧。

牌例 2-49

盲注：50 ~ 100，6个玩家。

你的牌：你（2100）在按钮前位拿着 K♠J♠。

行动：每人都弃牌到你。

问：如何行动？

答：做一个标准的 2.5 ~ 3 倍大盲注的加注。

行动：你加注到 300，按钮位弃牌。紧凶小盲（2000）跟，大盲弃牌。（两个玩家，底池 650。）

翻牌：K♦9♥2♥

行动：小盲过牌，你用顶对下注 350，他加注到 750。

问：跟注还是弃牌？

答：弃牌。池底已经有 1750，只跟注只需要 450。但是我们要认真想想对手可能有什么牌？他是紧凶类型，翻牌前在没有位置优势的情况下跟了一个加注。这说明他有比较强的牌力。翻牌发出 K，对手面对下注又做了一个套入底池的过牌—加注。这说明他很喜欢这个翻牌。假设你的牌不能打败 KJ，换做是你，你会这么做吗？你不会，他也不会。你跟注的话，经常会看到他拿着口袋 A，那些对手拿着口袋 Q、口袋 J、口袋 T，或者是纯粹诈唬的可能性太小了，并不足以补偿你的跟注，还是扔了吧。

根据对手筹码进行打法调整：中盲注阶段

前面我们提到，在筹码小于 10 个大盲的时候可以选择时机主动全下偷盲，但筹码量比这多时不要这么做，因为风险太大，不值得投入全部筹码。但如果你的对手筹码比你少，你的有效筹码实际上是他的筹码量。因为你比他多的筹码会自动进入边池，肯定还是属于你的，这个观念在你与小筹码对手对抗时十分重要。

比如，假设盲注是 50～100，你的筹码是 3800，所有人都弃牌到你，就剩你和大盲，他只剩下 600 了。如果你全下，你的实际下注额只是 700，因为假设对手跟注，你多出的筹码会自动进入边池，肯定还是属于你的。下面看几个这方面的实例：

牌例 2-50

盲注：100～200，7 个玩家。

你的牌：你（5200）在按钮位拿着 K♣T♣，大盲（1600）紧凶，小盲只有 1100。

行动：每个人都弃牌到你。

问题：你如何行动？

回答：加注全下。虽然你有 25 个大盲，你还是应该选择全下。因为后面两个对手的最大筹码是 1800，因此这里有效筹码就是 1800，所以应该用全下来代替小的加注。如果后面还有大筹码玩家，才应该做小的加注。这里，做小的加注是一个典型的错误，如果对手认为你有弃牌率，他会用再加注全压来反偷盲，而你实际上已经套入底池，给对手全压你的机会，你就丧失了一部分弃牌率。

要避免陷入这样的境地，对手全下后会让你要么强迫自己全下赌运气要么不得不弃牌，从这手牌来看最好的策略是直接主动全下。

牌局 2-51

盲注：100 ~ 200，8 个玩家。

你的牌：你（2400）在小盲位持有 J♠5♣，大盲是一个打法轻率的玩家，付出 200 的大盲注后还有 150 的筹码。

问题：所有人都弃牌到你，你应该弃牌，跟注或是加注？

回答：加注。首先，跟注明显是一个错误，如果你打算玩这手牌，你应该加注。其次，对手的筹码较少，你无论输赢都不会影响自己的锦标赛生命，这种情况下，只要认为全下带来的是正期望收益，就可以去攻击对手。因此，这里你必须算清楚两个数据：底池赔率和获胜赔率。

1. 底池赔率：即使大盲玩家水平很一般，也应该会意识到不论拿着什么牌都不应该弃牌，他已经付出了 200 的筹码，手里还有 150 筹码，底池实际是 450（300 的盲注加上大盲手里的筹码 150），你需要再花费 250 的筹码去跟注，（跟平大盲的 100 和大盲手里的筹码 150），所以你得到的底池赔率 9：5，接近 2：1。

2. 获胜赔率：J 高牌是一手很普通的牌，但是也有接近 50% 的胜率（请参见附录 E），所以这手牌上给了你接近 1：1 的获胜赔率，因此你应该去玩这手牌，即加注全压。

6．总结中盲注阶段策略

在中等盲注的时候，选择紧凶的打法，拿着强牌的时候要坚决玩下去，在合适的时候，能够便宜看牌的时候玩投机牌，或是用投机牌来偷盲或反偷盲。更重要的是，当盲注逐步提高时，你应该寻找机会去对被动的盲注位进行攻击。

在这个阶段要不断观察和努力获得以下信息：哪个软弱的玩家正在溜入，他是否面对你的加注而放弃，或是抓住一个明显在试图偷盲的攻击性玩家的破绽，对其进行反偷盲。要抓住任何可利用的机会攻击或反击你的对手。

最好的玩牌方式是紧凶。在低盲注的时候，你的形象应该是谨慎（紧）的。但到了中盲注阶段的时候，更好的方式应该是稍微地松一点。当盲注很大的时候，初始底池已经很大了，我们必须保持连续不断的攻击性。

下一章我们来看高盲注阶段如何打牌。

第三部分

高盲注玩法

1. 引言

随着比赛的进行，牌桌上的人数不断减少，同时盲注不断上涨，你应该不断调整打法，玩更多的起手牌，同时更富有攻击性。在高盲注阶段，创造性打法已经很少了。低盲注和中盲注阶段，很多情况下可能有不同的处理方式，但在高盲注阶段通常只有一种正确的决策方式：如果能够增加你的权益就直接全下，否则就弃牌。这是因为，除非你和剩下的玩家都是大筹码，否则只要你加注就意味着套入底池。既然只要入池就会套入底池，那就意味着要么主动直接全下，要么直接弃牌。

何时弃牌？何时全下？何时应该尝试其他不同的打法？这些问题将在本章中讨论。首先解释几个关键原理。

2. 高盲注阶段策略

单桌锦标赛高盲注阶段的基本原理：

不能被盲注拖死。

通过例子来体会一下这个原理的具体含义。如果你只有3～5个大盲的筹码了，而你又没有在下一个盲注轮到你之前就主动采取行动直接全压，那你就违反了上面的基本原理，让盲注把你拖死了。

这个基本原理的另外一种表达是，能够让你具备直接抢盲的最低筹码量是3倍大盲注。3倍大盲的筹码量已经很少，但大盲位玩家还是要支付2个大盲来争夺底池中的4.5倍大盲，因此他获得了优于2∶1的底池赔率，从cEV的角度来看他应该用任何两张牌来跟注。

当然，不能假设你的对手都很理性。有人面对2倍大盲注全下都可能会弃掉垃圾牌（当然这是一个明显的错误，我们稍后再讨论），还有人会用J—高牌去接6倍大盲注的全下。根据你的经验，也许牌桌上的大部分玩家拿着随机牌面对3倍大盲注的全压会弃牌，但也可能不是。

最小弃牌加注值（MINIMUM-FOLD）不但取决于对手，而且还取决于盲注的级别。例如，在盲注是20～40的时候，假设你遭受了一次重创，筹码量少于200，即不到5倍大盲注，这个盲注级别下，你已经很难偷盲。然而，一个小筹码玩家在200～400盲注的时候，面对一个800或900的加注很容易弃牌。所以，要根据牌桌情况、盲注级别等因素，试着分析判断出当前阶段有效偷盲的最低筹码量，保证你偷盲行动的威力。如果判断出最小弃牌加注值不是3倍大盲注，要根据情况自行调整。

现在假设3倍大盲是最小弃牌值，当你的筹码大于5倍大盲的时候，你可以允许自己轮到大盲位，按照常规情况进行偷盲。当你的筹码少于3倍大盲注的时候，你已经被盲注淹没了，所以在自己成为下一个盲注之前，必须要采取行动。

例如，假设盲注是200～400级别：

情形1：你的筹码超过2000。如果轮到你当盲注，你还有1400筹码（相当于3.5倍大盲注），还足够你按照原有的方法去偷盲注。在此之前，只要认为是正期望收益，你就要抓住任何机会来加注抢盲。

情形2：你的筹码少于1200。这时你已经被盲注吞没。现在你不论在什么位置全压，大盲已经没有弃牌率，如果他跟注的话，赔率好于2∶1。比如，你有1000的筹码，他只需要放入600就能去争夺一个1600的底池，给他的底池赔率是8∶3。就算他的底牌是：

甚至于他即使知道你的底牌是下面这样的强牌，跟注也有一个正的期望值。

即使你的对手没有任何翻牌前手牌范围的概念和赔率知识，仅仅依靠直觉，他也觉得应该跟注比拼运气，因为他只需要一个很小的投

入，就有机会赢得你的筹码和底池内已经有的筹码。就这点来说。一旦你的筹码低到这个水平，能不能恢复到正常筹码完全取决于你在这一次或是几次的抛硬币中的运气如何。

当筹码量少到情形 2 这样的情况时，你的比赛权益急剧下降，哪怕被淘汰也要迅速脱离这个筹码区域。

情形 3：你的筹码在 1200～2000 之间。只要再轮到你当盲注，你又会面临情况 2。你必须不惜一切代价避免这样的状况发生，所以要在盲注到你之前就行动，而不是让盲注把你吞噬。

很多人从理论上都认同不能等到盲注把自己的筹码吞噬的结论，但在实践中往往不能做到，而是抱怨，我确实是小筹码了，但总是拿着垃圾牌，或是已经有人在前面加注。我应该怎么做？除了全下之外没有别的选择了吗？是的。

全下拼运气好于你的筹码被盲注吞噬。

假设对手会拿前 5% 的强牌来跟注你的 3～5 倍大盲的偷盲全下，如果你的牌是完全随机的两张牌，那么你有 36% 的概率会赢，记住：即使是随机牌和对方的好牌拼运气，你的获胜概率也比你通常认为的要高很多。这个概率和你翻牌后听两头顺子或听同花的概率差不多，即 1/3 多一点，获胜的概率不是很低。

实际上，即使你不管拿着什么牌，就是闭着眼全下，也应该认为是一个半诈唬，而不是彻底的诈唬。这是因为：

1. 你的对手可能弃牌。
2. 你的起手牌可能是翻牌前的超强牌，如：

拿着这种牌你肯定会全下。

3. 即使翻牌前处于劣势，你还有机会利用翻牌后的 5 张公共牌战胜打击对手（平均起来你有 1/3 的概率赢）。

随机的两张牌在很多时候能赢看上去比它强很多的牌，是因为只要有一张高牌，就很有机会形成高对而获胜。大部分情况下，最糟糕的情况是用两张小牌对抗两张高牌，即便是这样的情况，高牌也只有 2∶1 的概率获胜。最差的情况是你的两张小牌面对一个超对，从底池赔率和获胜赔率角度综合考虑，翻牌前全下也最多只有一点点的劣势。

如何不被盲注吞噬

筹码在 3～5 倍大盲注左右时，避免被盲注吞噬的最好策略是在盲注到你之前主动抢盲，如果前面没有人加注，你可以不看底牌，闭着眼全下偷盲（从时间或动作上假装看牌）。当然你希望大盲是紧手，只有短或中等筹码，这样抢盲成功的概率就更高。下面我们通过具体的例子来分析。

现在，让我们来看一下：如果你用两张随机牌全下（即闭着眼全下），假设被跟注的概率是 X，下面我们来计算，当 X 不超过多少时，你的全下是有正期望收益的？X 为 100% 即你认为没有机会偷盲，对方肯定会跟注，而 X=0 表示你认为对方肯定会弃牌。

假设盲注级别是 50～100，你的筹码是 300，并且假设只有大盲玩家考虑是否跟注（这个假设忽略了其他玩家的跟注可能性，你的实际期望收益值应该会更高一些）。根据刚才的假设，当被跟注的时候，你的获胜概率是 36%，这样如果你的期望收益为负，就意味着：

（1-X）×（150）+X×[0.36×350-0.64×300] ≤ 0

=>150-213.4X ≤ 0 => X ≥ 0.72

这表明，如果你相信对手至少有 1-72%=28% 的概率会弃牌，全下就有正的期望值。实际上，当你的筹码是 3 倍大盲注或是略高的时候，且对手是紧手和小筹码，他弃牌的概率是显著大于 30% 的，这意味着你会获得正期望收益，因此你应该抓住机会全下诈唬偷盲。

牌例 3-1

盲注：200～400，7 个玩家。

你的牌：你（1300）在按钮位。从你的左边开始依次是：

玩家	筹码数量	类型
L1	2300	紧-被动的
L2	1600	松
L3	3600	松-凶
L4	3500	不太了解
L5	2100	紧-凶
L6	2700	松

L2 和 L1 现在是大小盲注，按照顺序 L6 大盲注之后就到你了。

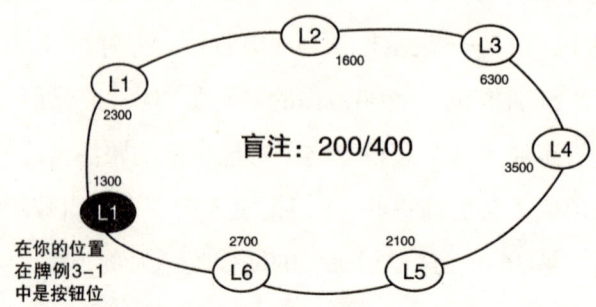

问题：如果没有出现适合偷盲的情况，随着牌局的进行，什么因素会迫使你采取行动，闭着眼在翻牌前全下？

回答：从现在开始，到第三把牌时盲推全下，即L5成为大盲注的时候。他是紧手玩家，筹码也不多，如果跟注失败，也基本被打残了，因此会很慎重。他当大盲之后再过两把牌就是你当大盲了，你必须抓住他当大盲这个时机（后面只有L6大盲注的一个机会，你没有太多的机会可以选择）。

当然大盲位玩家，也许其他牌手也会对抗你的全下，但他们显然需要拿着不错的牌才会这么做。因此，除非你坐在一张很多人比较鲁莽或冲动的牌桌上，否则当你全下的时候，主要精力还是应该在关注和分析大盲位牌手上。

让我们看看具体应该如何玩。

情形1：L2（1200）是大盲。你在按钮位拿着4♠5♠。所有人都弃牌，L6（2700）加注1400。

问题：跟注或弃牌？

回答：弃牌。在按钮位拿着小同花连牌时，当所有人都弃牌到你时，可以考虑直接全下，因为有很好的弃牌率，而且即使被跟注，这种小牌也不容易被压制，同花连牌还可以增加你成为同花或顺子的概率，比一般的杂牌要好一些（请参考附录 D："翻牌前不同起手牌的获胜概率"）。如果没有 L6 的加注，你应该直接全下。但现在已经有对手加注了，你还有超过 3 倍大盲的筹码，在大盲注到你之前还有 5 手牌可以玩，弃牌率的大幅下降使得你应该放弃这手牌。

情形 2：L3（5900）在大盲位，你的牌是 J♠2♣，在按钮前位，你前面的所有人都弃牌。

问题：全下或是弃牌？

回答：弃牌。一个松手且持有大筹码的玩家是大盲，他很可能已经意识到你会孤注一掷了，不应该用一手很弱的牌全下。

情形 3：L4（3100）在大盲位，你在 HJ 位拿着 7♣3♥，所有人都弃牌到你。

问题：全下或是弃牌？

回答：弃牌。你没有好牌，大盲位是大筹码，有可能跟注。

情形 4：L5（1700）在大盲位，你在 MP2 位置，L6 弃牌。

问题：全下还是弃牌？

回答：不管拿着什么牌都全下。大盲现在是个短码，你有差不多一半的机会直接拿下底池，就算有人跟注，你大部分情况下也有 2：1 的概率获胜，在这样的情况下，你需要抓住机会搏杀，没有其他选择。

两个说明：

1. 大盲位玩家的筹码量和风格是决定你是否闭着眼全下的主要因素，如果一直找不到这样的一个机会，或虽然盲注位玩家满足条件，但在你全下之前已经有人主动加注或全下了（比如情形 4 中已经有人在你之前加注了），那么你也要在最后一个可以主动全下的机会到来时就是你轮到枪口位置时闭着眼全下。只要你觉得主动全下还是有一点机会直接拿下底池，就不要等到盲注把你吞没。

2. 尽量不要耗到必须闭着眼全下的境地。只要能拿到可以主动全压或可以接别人加注的牌，那就用行动去搏杀拼运气。例如，在上面的情形 2 中，如果拿到的是 J♠T♠，就应该抓住这个机会，不再担心大盲玩家的筹码量，直接全下。

牌例 3-2

盲注：200 ~ 400，7 个玩家。

你的牌：你（1200）在 MP1 位置拿着 T♣9♠。

到你：每一个人都弃牌。

问题：你应该如何玩？

回答：全下。两手牌之后你将开始被盲注湮没的情况，要尽量避免这样的情况。你全下之后，也许所有的人都会弃牌。如果不是，就需要赌一把运气了。弃牌能让你短暂生存，但没法挽救你。你必须主动搏杀，拿着边缘牌时主动全压要好于弃牌。

如果被跟注了，你只是处于 2：1 的劣势。

高盲注阶段的反偷盲

没有什么比在高盲注阶段进行偷盲更残酷和更考验人的神经了。关键时刻正确的反偷盲行动，会成为你成为高水平单桌锦标赛牌手的必备武器之一。我们来看几个例子。

牌例 3-3

盲注：300 ~ 600，5 个玩家。

你的牌：你（3800）在小盲位置，拿着 K♠T♣。按钮位是一个松的玩家，你已经观察到，他在高盲注阶段总是做最小加注抢盲。大盲还有 4200 筹码，枪口位还有很小的筹码，按钮前位是一个紧且被动的玩家，现在是筹码领先者，有 6000 筹码。

到你行动：所有人都弃牌到按钮位，他（5100）做了一个最小加注。

问题：你弃牌，跟注还是加注？

回答：再加注全下。你全下就是 4100 筹码，大概是按钮位玩家加注额的 3.5 倍左右，会给他施加很大的压力。他也明白如果他跟注失败，就将被挤出冠军主要竞争者的行列。实际上，在现在都是短筹码的状态下，你拿着一手不错的牌。按钮位的加注更像是偷盲，他是一个松的玩家，会利用位置加注偷盲。

如果对手弃牌，你会赢下 2100 的筹码，超过你筹码量的 50%，筹码达到 5900，差不多和打法被动的筹码领先者一样多了，这样就可以充分利用筹码优势，在好的位置主动发起攻击。此外，如果按钮位置跟注，当然你并不不希望对手跟注，可是即使去比运气，你的两张高牌也有不错的机会赢下这个底池，那就完全奠定和稳固了你的领先位置。

很多玩家意识到了攻击型玩法能获得收益，但在真实游戏过程中还是很犹豫，不想冒很大风险。实际上，这种状态是普遍存在的，大部分牌手总是害怕赌上他们的全部筹码，而高水平玩家就会利用对手的这种想赢怕输的心态，不断施加压力。

你不应该害怕淘汰，特别是在锦标赛的后期。记住，你在早期的时候应该谨慎地玩牌，这样你有很大的机会进入锦标赛后期。但与那些在比赛初期就玩得很松的玩家（这类玩家的代价是在很多情况下到了高盲注阶段就被淘汰了）相比，你在后期大部分情况下是短筹码。你必须在获得第 3 名或是进奖励圈前就努力寻找机会将筹码翻倍，避免筹码被盲注吞噬。你要打得更有攻击性，去抢筹码或拼运气，这样才能最大概率地赢得锦标赛冠军。

要明白，从奖金发放规则看，获得一个冠军比获得两个第3还要好，一个冠军要比两个第三名多获得25%的奖金，且时间成本可能更低。

牌例 3-4

盲注：200～400，8个玩家。

你的牌：你（3200）在按钮拿着 K♠Q♠，盲注在一分钟之内将会涨到 300-600。

到你：一个筹码领先的紧凶玩家（4200）在按钮前位加注到 1000。

问题：你如何行动？

回答：反偷盲全下。对手的加注可能是偷盲，你有一手好牌，你的加注让没有好牌的对手会弃牌。在这个关键的底池，要作为最后的进攻者，主动加注全下。

最后，还有很关键的一点要记住，就是加注额的大小。我们修改一下上面的牌例中的筹码量，再重新分析一下牌局。

牌例 3-5

盲注：200～400，8个玩家。

你的牌：你（2300）在按钮位拿着 K♠Q♠，盲注将很快会上涨。

到你：一个筹码领先的紧凶玩家（5300）在 HJ 位加注到 1100。

问题：你如何行动？

回答：弃牌。对手现在的加注可以归为偷盲加注，你也拿着不错的牌。但是，这里对手的弃牌率大幅度下降了，你很难希望大筹码的加注者弃牌，所以你应该主动弃牌。你如果全下 2300，对手只需要再放入底池 1200 就会使他的底池赔率好于 3∶1。面对这样的底池赔率，对手即使拿着比较弱的牌，也会再放入 1200 筹码跟注，他没有弃牌可能性。这里的一个再加注全下肯定是用你所有的筹码赌运气。你的筹码在后面还有偷盲的实力，等一等吧，现在情况下，你的起手牌没有强到需要你用全部的筹码去赌运气的程度。

是否有底注：相应的策略调整

决定是否攻击盲注或是跟注对手的大的加注，特别是全下，衡量的重要因素之一是你采取这一行动的紧迫程度。行动得太早（用你的全部筹码冒险），你有可能出局。采取行动得太晚，你有可能被盲注吞噬。通常有两个方法来衡量你筹码的相对大小和紧迫程度。

1. 用大盲注衡量。用你现在的筹码量除以现在的大盲注，这表示你还有多少个大盲注。

例如：比赛处于 100~200 的盲注和底注 25 的阶段，你（1600）的筹码量是 1600/200=8BB（8 倍大盲注）

2. 用哈灵顿的 M 值衡量。你现在的筹码量除以初始底池筹码，称为 ieni 现在的 M 值（详细解释和应用可参看《哈林顿在锦标赛：无限注德州扑克高级策略》）。还是上一个例子，因为初始底池为 300（盲注）+100（底注）=400，你当前 M 值是 1600/400=4

根据这些指标，大概的行动策略是：

如果你的筹码是 10 倍大盲注或更少，那么，如果打算要玩这手牌，那就要全下。

如果你的 M 值是 5 或小于 5，那么，如果打算要玩这手牌，那就要全下。

如果你的筹码只有 5 倍大盲注或更少，在下一次盲注轮到你之前，要尽可能地寻找机会全下。

如果你的 M 值是 3 或更少，在下一次盲注轮到你之前，要尽可能地寻找机会全下。

当然上面的理论不是绝对的，可以根据具体的牌桌环境进行适当的调整。本书中讨论筹码量时是以大盲注衡量。关于 M 值的讨论请参考《哈林顿在锦标赛：无限注德州扑克高级策略》。

本书使用大盲注倍数计算筹码量，主要是基于以下几个原因。首先，这种方式计算起来很快，无论是计算现在的大盲倍数还是下一阶段升盲后衡量的大盲倍数；其次，单桌锦标赛一般都是用大盲注的倍数为衡量标准，这也是惯例；第三，在单桌锦标赛中，底注（Ante）的重要性一般要比多桌锦标赛（MTT）低得多。一方面是因为单桌赛的底注大小占盲注的大小比例更小，另一方面，单桌赛中等有底注时通常已经不是满员桌了，所以底注总量要比 9 人的多桌锦标赛少。

在多桌锦标赛（MTT）中，底注在后期的比赛中扮演了很重要的角色，必须加以考虑。这时 M 值的概念变得非常有用，具体请参考《哈林顿在锦标赛：无限注德州扑克高级策略》。

牌例 3-6

盲注：6000 ~ 12000，底注是 2000，9 个玩家。

你的牌：你（135000）在 UTG 位置拿着 K♥Q♦。

问题：你应该如何玩？

回答：加注全下。用大盲注的标准衡量，你的筹码量多于 10 倍大盲注，那么按我们前面说的原则，在枪口位直用 K♥Q♦ 直接全下看上去是鲁莽的行动。但现在底池有底注，底池一共有 18000 的盲注和 9 个玩家合计 18000 的底注，底池合计的死筹码达到 36000。你的筹码减少的速度很快，因为每一手都要付 2000 的底注，所以你需要更急迫的偷盲。从 M 值的衡量标准看，你现在的 M 值不到 4（135000／360000）现在拿到一手不错的牌，应该全下。

本书是专门关注单桌锦标赛的，所以我们要问：在单桌锦标赛中，什么情况下，除了用大盲注倍数的方法考虑筹码量，还要必须把底注因素考虑进去？有两种基本的情况：

1. 单桌赛中已经有底注了，而这时还几乎是满员的（这种情况通常出现在比赛结构设计得比较缓慢的非快速赛）。

2. 当你用大盲注衡量筹码量，感觉偷盲（或是跟注）的决策非常边缘时，你应该再换算成 M 值，从 M 值的角度重新思考一下，进而做出决策。

下面看几个例子：

牌例 3-7

盲注：100 ~ 200，底注 25，8 个玩家。

你的牌：你（3100）在 UTG 位置拿着 A♣J♠，大盲位玩家是一个紧被动型牌手。

问题：你如何玩？

回答：加注到 500，如果没有底注的话，除非牌桌上的玩家都玩得很紧，否则在这个位置我建议你弃掉 A♣J♠。但现在有底注，初始底池是 500 而不是 300。如果成功偷盲，筹码会增加 67%，你用 500 筹码加注投盲，有机会赢回一样多的筹码。

有底注的初始底池，相当于除了正常的大小盲注之外，还额外多了 200 的盲注，而这 200 盲注并没有明确的主人。很少有牌手能基于这个微妙的变化适时调整打法。例如，一个紧被动型的玩家在大盲位的时候，现在有底注，那么他如果跟注，得到好于 3 ∶ 1 的底池赔率，而如果没有底注，他跟注时得到的底池赔率是 8 ∶ 3，还是有一些不同的，但实际上大部分牌手用于保护盲注的牌的范围却基本一样。因此，你一定记得及时根据底注的大小调整你的打法，适当扩大玩牌的范围。

牌例 3-8

盲注：200 ~ 400，底注 75，6 个玩家。

你的牌：你（5100）在大盲位拿着 7♦3♠。

到你：所有人都弃牌，按钮位（1400）是一个水平较高的玩家，他全下筹码，小盲注弃牌。

问题：跟注还是弃牌？

回答：跟注。如果没有底注，底池是 1400（按钮位玩家全下的筹码）+600（大小盲注）=2000。你用 1000 跟注的话，底池赔率是 2 ∶ 1。这样的底池赔率是否跟注确实非常边缘，可以跟注也可以弃牌，因为你的牌几乎肯定是落后的，获胜赔率是否好于 2 ∶ 1 也不一定。

在这种情况下，你跟注的话有机会淘汰一名优秀的选手，并给桌上的其他对手留下你会非常强硬地捍卫自己盲注的印象，但从底池赔率和获胜赔率的角度看，我可能跟注也可能弃牌，我还会考虑我赢下这个底池对整个比赛战局的影响等其他因素，从而决定是否跟注。

但现在的情况是有 75 的底注，这时你毫无疑问应该坚定地跟注，这是因为底池中又多出了 450 的底注，我们说过，如果底池赔率达到 2 ∶ 1 你就可以跟注全下，而现在你有接近 5 ∶ 2 的底池赔率，毫无疑问，跟注是更好的打法。

综上所述，在有底注的时候，你应该及时根据底池赔率的变化调整偷盲、跟注、全下或弃牌的决定。你的对手可能不懂得这样调整或是调整得并不好，这恰恰是你应该充分利用的武器，也是在单桌锦标赛中实现盈利的原因之一。

5. 高盲注阶段的关键理念

泡沫阶段的玩法

对一个高水平牌手来说，泡沫阶段是一个可以充分通过进攻积累筹码的阶段。这是因为很多玩家不想在马上有机会进入奖励圈时损失很多筹码而被淘汰，所以一些牌手会主动放弃一些强牌，从而放弃很多平常时刻锦标赛权益是正的牌局。

要注意，在泡沫阶段，如果你和直接较量的对手有差不多的筹码量，而且都是大筹码，那么牌桌上的人数越多，你被淘汰造成的锦标赛权益损失就越大，因为这时只要再有任何一名牌手被淘汰，你就可以进入奖励圈。

我们通过一个例子来说明，在泡沫阶段，有时候即使从常规分析看应该跟注，但从锦标赛权益看弃牌才是正确的（这个例子来自《哈林顿在锦标赛》第三卷：第38个问题）。

牌例 3-9

盲注：200 ~ 400，底注 25，4 个玩家。

你的牌：你（5000）在大盲位拿着 Q♠Q♣。

你的决策：一个鲁莽的玩家（5000）在 UTG 位置全下。你认为对手的牌可能是带 A 的任何牌，或是口袋对，或是两张高牌。按钮位（1500）和小盲（2000）都弃牌。

问题：跟注还是弃牌？

回答：弃牌。注意，如果跟注而且输了对你是一个灾难，你的筹码变为 0，锦标赛权益为 0，淘汰出局。同时，如果你跟注并赢了，对手就被淘汰产生的巨大的锦标赛权益并没有都给你，大部分权益实际上给了另外两个小筹码选手。

我们用 ICM 程序图表来详细展示。假设你参加的是 109 美元的单桌赛。在这手牌之前，根据筹码量，我们用 ICM 模型算处各自的锦标赛权益：

玩家	筹码数量	锦标赛权益
枪口	5000	$323
按钮	1500	$152
小盲	2000	$195
你	5000	$323

如果你跟注并获胜，下面是新的锦标赛权益：

玩家	筹码数量	锦标赛权益
枪口	0	$0
按钮	1500	$267
小盲	2000	$289
你	10000	$444

如果你跟注并输了，下面是新的锦标赛权益：

玩家	筹码数量	锦标赛权益
枪口	10000	$444
按钮	1500	$267
小盲	2000	$289
你	0	$0

所以你和枪口位玩家的激烈对攻，总共会产生 323 美元的锦标赛权益，但赢的玩家只能获得 121 美元，而其他的权益被其他的那几位小筹码玩家获得，这几个"坐山观虎斗"的小筹码玩家收获极大。这个计算结果显示，按钮位和小盲位的玩家将非常高兴看到两个大筹码玩家互相残杀，无论谁被淘汰，他们都将确保进入奖励圈。

那么，你的牌好到什么程度才值得在这个状态下跟注枪口位的 5000 全下？在上一手牌中，你拿着 Q♠Q♣，面对你估计的对手的持牌范围，你有 70：30 的领先优势。在这种状况下，你跟注会使你的期望权益下降了 12.2 美元：

$$-\$12.2 = (0.3) \times (-\$323) + (0.7) \times (\$121)$$

也就是说，平均而言，这种情况下你拿 QQ 跟注会让你损失 12 美元。

实际上，你需要拿着口袋对 K 或口袋对 A 时才可以选择跟注。如果你拿着口袋对 K，面对对手的全下范围，你有 74% 的获胜概率，这样你的锦标赛权益能增加 6 美元：

$$\$6 = (0.26) \times (-323) + (0.74) \times (121)$$

从这个牌例中，有两点经验值得牢记：

1. 在泡沫阶段，尽量不要跟注对手的全下，除非你认为会有巨大的回报；或是与盲注相比，你本身就是一个短筹码，拿到了强牌必须要有所行动，而选择跟注全下，避免被盲注吞噬。

2. 你在泡沫阶段的全下，比起在非泡沫阶段，给了对手更差的锦标赛权益，所以他正确的做法是弃掉很多在正常阶段原本应该跟注的牌。当然，很少有牌手会意识到在泡沫阶段翻牌前可能要考虑弃掉QQ，然而即使一个很松和鲁莽的玩家也很想进入奖励圈，因此当你全下时，他也会收紧跟注的范围。即使你的筹码不会将他淘汰，但足以给他带来很大的筹码损失，他通常也会非常谨慎。

上面分析出的可能出人意料的结果，就是泡沫阶段我们可能要弃掉诸如：

这样的强牌，从而我们得出以下非常有用的结论：

在泡沫阶段，对手能跟注你的牌很少，因此翻牌前应该用更广泛的手牌去攻击底池。

下面的例子会更详细地解释这个理念。

首先，在泡沫期努力获得超过平均筹码以上的筹码数量，会极大提高你在进入奖励圈后最终获得冠军的概率，所以不要害怕被淘汰在第四名，要努力在这个阶段积累筹码，抓住好的机会主动全下赢取底池筹码，因为即使你"很安全地去玩"，如果恰巧没有人被淘汰，盲注的吞噬也一样会让你淘汰在奖励圈外面。

现在假设盲注为 200 ~ 400，桌上还有 4 人，你在按钮位，小盲、大盲和你都有 1600 左右的筹码，这时，你前面的松凶风格的筹码领先者弃牌，你在按钮位应该全下还是弃牌？

不管你是什么牌，你都应该全下。用任意的牌全下吧，如果不这么做的话，你就会在泡沫期被盲注吞噬，同时，由于你们的筹码差不多，大小盲除非拿到超强牌，否则不愿意用其他牌冒险来和你拼运气。所以，记住下面的经验：

当只要有一个玩家被淘汰就可以进入奖励圈时，大部分玩家通常不愿意用所有筹码来冒险拼运气。

正如我们前面用 ICM 计算得到的结论，对手这样的决策通常也是正确的，不管他是哪种风格。

因此，在泡沫期，你的加注经常能直接拿下底池，即使对手跟注，哪怕你是两张随机牌，也有三分之一的概率获胜（请参考附录 E）。就上面的例子而言，如果你在这里没有全下的话，下面两把牌，第一把轮到松凶风格的筹码领先者做大盲，你很难抢盲，第二把轮到你当大盲，很可能会被抢盲而损失 800 筹码，从而使得你的筹码落在四个人中的末尾。

记着，一定要充分利用给对手强烈的风险厌恶所带来的机会，要明白，在锦标赛中，只有一点筹码的苟延残喘的存活是没有什么价值的。这与锦标赛的早期不同，那时盲注和前注压力还小，即使筹码比对手看上去少很多，你也还有很多的机会慢慢累积筹码，重新打回来。但在泡沫期，苟延残喘的短暂存活仅仅意味着在第三或第四位出局的差别，除非你足够幸运。

所以，在盲注很高和泡沫期，你主要应该根据对手的情况和当时的比赛形势来决策，而不是你手里的牌。

牌例 3-10

盲注：300 ~ 600，4 个玩家。

你的牌：9♠8♠，你还有 3800 筹码，第一个行动。大盲位在下了盲注后还有 6000 筹码，小盲和按钮都有 5000 筹码。自从进入泡沫期后大家都玩得很紧。

问题：弃牌，跟注，还是加注？

回答：加注全下。在这种关键性的比赛阶段，比赛思路一般分为两种，一种是在尽可能对已经很大的盲注发起进攻，争取机会累积筹码，冲击冠军。第二种是消极应对，尽最大可能保住第三。现在，大盲玩家筹码虽然比你多，但即使他是比较松的选手，也不会轻易冒险和你搏运气，因为如果他输了的话，筹码会被严重削弱，因此你直接拿下底池的可能性很高。

即使被跟注了，也不是灾难，主要有两个方面的原因：

1. 如果这把牌主动弃牌，下一手牌轮到你当大盲，你的筹码会更短，那时无论是你主动全下还是去跟注，与现在的筹码量相比，都会损失很大的锦标赛权益，因为对手的弃牌率大幅下降（因为你现在目前的筹码量足以威胁到其他任何牌手，他们不敢轻易和你赌运气）。

2. 你的中等同花连牌面对两高张（如 AK）有 41% 的胜率，最差的结果是对抗大口袋对，获胜赔率处于低于3∶1的劣势，但你碰到这种情况的概率只有不到10%。而在大多时候，对手都没有拿着强牌，这时就很有可能在不遭遇任何抵抗的情况下直接拿下筹码量相当丰厚的底池。

在泡沫期，如果已经处于高盲注阶段，那像上面的例子那样通常直接全下偷盲，如果比赛还处于中盲注阶段，通常采取加注偷盲。

牌例 3-11

盲注：75～150，4个玩家。

你的牌：你在 UTG 位置（4500）拿着 J♥T♣，对手们的筹码量基本差不多，牌桌上基本没有反偷盲。

问题：你该怎么行动？

回答：加注到 375。在泡沫期，很少有人愿意轻易卷入一个潜在的大底池。而且即使有对手跟注，你的牌也还不错。要尝试着多玩这样的底池，在其他玩家都有明显地避免对抗心理的情况下，用还说得过去的牌加注 2-3 倍大盲注进行抢盲。

牌例 3-12

盲注：300～600，4个玩家。

你的牌：你（3600）在小盲位拿着 2♠2♣。

行动：所有人弃牌到按钮（4400），他做了一个标准的小加注。

问题：你应该如何行动？

回答：再加注全下。没有原因，是的，有人可能会说："在泡沫期出局是很糟糕的，而且有些松的玩家即使没有大牌，也会跟注你之后再加注全下。"但是即使对手是个松手，他也懂得第四名出局是让人很难受的事，因此，在这里对手更有可能直接弃牌，而不是再往底池里放 2700 筹码。而且即使他在这里跟注了，你的口袋 2 对抗任意两张高张牌也略有优势。你应该毫不犹豫地全下去争夺底池中已经有的 2100 筹码，如果直接拿下底池，意味着你筹码将增加 50%。当其他玩家开始谨慎起来时，你应该通过攻击性打法给全桌玩家更大的威胁。

同时，要知道，即使你被跟注的情况下，你仍有一半可能赢下一个非常大的底池，但如果你弃牌，你很可能倒在奖励圈外。实际上，很多牌手非常容易错过这样的机会，而你一定要尽可能抓住。在只剩 4 个人且盲注是 300-600 的情况下，每一轮你至少需要投入 900 筹码（有前注时更多），因此在 8 手牌里你就会耗掉 3 倍大盲注的筹码，在 8 手牌里，出现拿着完全没法玩的牌或遇到对手已经主动全下的情况的频率很高，因为不只是你在想着通过全下抢盲。所以轮到你有机会主动抢盲的时候，要抓住机会将你的全部筹码推出去，避免被盲注吞噬。

在泡沫期，当你成为筹码领先者的时候，你会发现，如果桌上有一个筹码很短的玩家，那么其他玩家面对你的全下，几乎会弃掉任何牌，因为他们不想拿自己的锦标赛生命冒险，而让那个更短码玩家躺着进入奖励圈。你应该充分利用这一点。让我们看下面的例子：

牌例 3-13

盲注：300 ~ 600，4 个玩家。

你的牌：你（11000）在按钮位拿着 5♥2♣，大小盲都有 4000 筹码。

行动：按钮前位玩家（1000）弃牌。

问题：你该如何行动？

回答：全下，除非盲注位有非常好的牌（比如 TT+，AJ+），否则他们都会弃牌，而不是冒着出局的危险跟你拼命，因为下一把牌时，现在的按钮前位玩家就要被盲注吞噬。这对你是一个几乎没有风险去拿下 900 筹码的机会，你要抓住这个机会，不用在乎你的牌是什么。

如果你被跟注并且输了，你仍然是筹码第二多，仍有很大机会进奖励圈。但是这里要注意，这种不管自己什么牌都全下的情况要搞清楚对手。同样是这个环境，如果把按钮前位玩家和大盲玩家互换一下，那情况就不一样了。

牌例 3-14

盲注：300 ~ 600，4 个玩家。

你的牌：你（11000）在按钮位置拿着 7♠4♣，小盲有 4000 筹码，大盲有 1000。

行动：按钮前位玩家（3400）弃牌。

问题：你该如何行动？

回答：弃牌。大盲玩家在放入大盲注后仅仅剩 1000 的筹码，他实际上已经套入底池了，会用非常宽的起手牌范围来跟别人的全下。你的牌太弱了，你如果全下很可能会遭遇大盲的跟注，这样你就把你用 7 高牌偷盲的情况展示给所有牌手了，这对你的牌桌形象是个很大的损害，会对你下次偷盲造成困难。

我们考虑下面这种情况。

高盲注阶段关注盲注位的筹码量

在你决定加注或全下攻击盲注时，要注意你和盲注位玩家的筹码量,如果你和对手的筹码量有明显差异时,你要考虑筹码量的巨大差异对对手决策的影响。像上面说过的,尤其是有小筹码存在的时候,这种影响非常明显。一般说来,玩家是大筹码的时候通常会玩得略微松一些,但不影响他的基本风格。比如:面对你4倍大盲的加注,一个紧手的大盲位玩家,无论是筹码非常多还是平均筹码,通常都会弃牌,而一个拿着中等筹码会跟注你的全下的对手,他在大筹码时候也仍然会跟注,但反过来则不一定。

玩家通常会随着自己筹码量的减少而调整打法。大多数人(当然这是对的)会在放入盲注且只剩下2到3倍大盲或更少的时候放宽跟注范围,寻求筹码翻倍。当盲注位玩家的筹码只有很少时,你的加注偷盲其实应该看作是一个半诈唬:对手可能会弃牌,也可能跟注,如果跟注,你有可能击败对手而将他淘汰出局。

所以,当盲注位玩家筹码很短时,虽然全下拼运气输掉对你影响会小于对手(你输了还可以继续比赛,对手输了就被淘汰出局了),但对手因为面临被盲注吞噬的威胁,因此也会更多地选择拿着任意牌跟注,所以你这时应该在拿着不错的牌时加注:22+,Ax,Kx,Qx,T9s+,JTo+。

牌例 3-15

盲注:300 ~ 600,5个玩家。

你的牌:你(2800)在按钮位拿着5♠4♠。大盲(5200)是个紧手,小盲(2500)同样是个紧手。

行动:前面两个人弃牌。

问题:你该怎么行动?

回答:全下。给他们压力尝试让对手弃牌,从而直接拿下900

的盲注（等于你的三分之一筹码），即使有人跟注，面对高牌（比如AK）你仍有40%的胜率。大盲的筹码比你多，但这不意味着他愿意失去筹码。

现在假设上个例子其他不变，但大盲的筹码变为900（下盲注之后），在这样的情况下，你应该弃牌，大盲面对接近3∶1的底池赔率（2400∶900或者8∶3），他用任意两张牌来跟注都是正确的。即使对手非常厌恶风险，也不懂底池赔率，直觉也会让他下意识地被迫跟注，他会用任意两张牌跟注，你的5♠4♠太弱了，跟任何牌对抗都没有优势（除非遇到32、42、43或者5高牌）。

所以这时你面对没有弃牌率的小筹码，相当于要支付1500筹码去争夺1800的底池，你的牌太弱了，输掉这个底池你将只剩下1300筹码，因此直接弃牌是最好的选择。

让我们再来分析这个例子，假如把5♠4♠换为K♠2♣，仍然在按钮位，如果大盲位的紧手玩家筹码很多，你更应该考虑弃牌，如果他是小筹码，则更应该考虑全下。这是因为K高的牌平均而言已经比大盲随机牌要好，但如果深筹码的玩家跟注，那么他的两高张或对子都要比你的牌强不少。

这种分析逻辑在单挑的时候是一样的，假如你知道对手会用任意牌全下，那你只要拿着还说得过去的牌就应该跟注。当你拿着5♠4♠这样的牌时，可能直接全下并在很多情况下直接拿下底池，或者对手跟注时你处于3∶2的劣势，你应该很少用这样的牌来跟注对手的全下。

牌例3-16

盲注：200～400，7个玩家。

你的牌：你（1400）在按钮位拿着6♠5♠。小盲，大盲在放入盲注后分别还有 2300 和 220。

行动：所有人弃牌到你。

问题：你应该怎么行动？

回答：弃牌。你的筹码只有 3.5BB，在拿着同花连牌的时候通常你应该全下，但是在这里，大盲位玩家已经几乎确定会因粘池而跟注了。所以需要比牌拼运气时，你的牌是很弱的。应该等一手更好的牌（比如 K 高牌），或者在其他玩家更有可能弃牌时再全下。

特殊战术：停止翻牌前的进攻

假如你拿着一手不错的牌，面对一个对手已经粘池的加注，你决定玩这手牌，但因为对手实际上已经套入底池，你明白翻牌前你再加注也不会让对手弃牌了。那么这时你可以考虑"停止翻牌前的进攻"，而只是跟注。在发出翻牌后，不管出现什么翻牌，你都直接全下，最好你是翻牌后先行动的一方，因为这样你就可以主动全下，从而获得对手的一部分弃牌率。

尽管你翻牌后的实际下注量可能不大，但在对手完全错过翻牌的情况下，他还是有可能会弃牌，这样你就有能够直接赢得底池的机会，尽管这时其实你也错过了翻牌，比如你们两方都只是形成了高牌时。

牌例 3-17

盲注：100 ~ 200，9 个玩家。

你的牌：你（700）在大盲位拿着 K♣Q♥。

到你：5 个玩家弃牌，松的按钮位玩家做最小加注 400，小盲弃牌。

问题：你该如何行动？

回答：跟注，并准备在翻牌后全下，不管出现什么翻牌。作为一个小筹码，你必须拼杀搏命了，你应该尽可能的和单个对手对抗，这要比拿着几乎要被盲注湮灭的筹码而同时对抗很多对手强得多。然而，这里如果你在翻牌前直接全下的话，对手不会因你的再加注而弃牌，因为他只需要再放入500筹码就能去争夺1400的底池。

你应该只是跟注，然后在翻牌后主动全下。如果对手错过了翻牌，你有可能直接拿下底池。当然如果对手有A，或形成了对子，他不会弃牌，有些牌手即使错过了也可能会跟注，但这都会让你损失什么，毕竟如果你翻牌前全下的话，也会面临同样的结果，但这种打法让你额外多获得了一部分对手的弃牌率。

牌例3-18

盲注：200 ~ 400

你的牌：你（785）在小盲位拿着 Q♣5♠。

到你：所有人弃牌直到按钮位，他（4800）是个松的玩家，平跟溜入。大盲有2100的筹码，是个紧手玩家。

问题：你该怎么玩？

回答：全下。你的筹码量没有机会在翻牌前迫使按钮位玩家弃牌，看起来好像弃牌是好的选择，但是如果你全下的话，大盲就可能会因还需再投入585筹码且按钮位玩家还有机会再行动等因素而弃牌，底池多了400的死筹码，所以你应该直接全下，和按钮位玩家拼运气是更好的选择。

含蓄的共谋

考虑一个有多人进入的底池，且至少有一个玩家已经全下。这时，只要有玩家被淘汰出局，其他玩家都会因有玩家出局而分享多出来的锦标赛权益。"含蓄的共谋"指的是哪些还在牌局中的未全下的玩家，会达成某种默契，持续过牌到最后，从而将已经全下的小筹码玩家淘汰出局的概率最大化。

这其中的原理在于，即使你翻牌后形成了当前比对手都强的牌，但你用目前最好的牌下注或加注而把其他玩家打走，其实是间接帮助了已经全下的小筹码玩家，因为被你打走的玩家可能在后面两条街进一步提升牌力而成为最后的最强牌，而你的牌可能最后被已经全下的小筹码玩家超越，就是说你打走对手减小了已全下玩家出局的可能性，让包括你在内的大筹码玩家的锦标赛权益受损。

很多情况下，含蓄共谋是正确的打法，但是有三个例外：

1. 底池已经非常大，你的牌当前很可能是最大的，但却很可能或很容易在后面被超过。比如：底池筹码已经达到你筹码的一半，你在 5-9-2 的翻牌牌面上形成了顶对，你就不应该过牌给对手免费牌。

2. 已经存在一个很大的边池，你的下注有很大的可能直接赢下边池。比如：假设按钮前位玩家加注 2 倍大盲注，按钮位玩家跟注了他剩余的 0.5 倍大盲注，你和小盲玩家都跟注。这样主池有 2 倍大盲注，而边池就有 6 倍大盲注，发出翻牌后，如果你认为你的下注很可能打走其他两个人，那就这么做。

3. 你拿到了坚果牌或者接近坚果牌，那就做价值下注。

牌例 3-19

盲注：300 ~ 600，4 个玩家。

你的牌：你（6000）在大盲位拿着 9♠6♠。

到你：按钮前位玩家（6000）弃牌；按钮位玩家全下了他的 850

筹码，小盲位（6300）跟注。

问题：你怎么行动？

回答：跟注。只需要再放入250就可以看牌，弃牌是不考虑的，因为底池赔率已经达到2300：250。这时，如果你加注，多出来的筹码将进入边池（边池是空的，只有你的筹码）。此时，你、已经全下的按钮位和小盲位三位玩家的筹码组成2550的主池，你加注多出的筹码和小盲位玩家的跟注组成边池。因此，这时加注并没有机会偷取死筹码（因为你行动之前的边池是空的），而你的牌力不足以做价值加注，因此这里不应该加注。

行动：你跟注（3个玩家，2550的底池。）

翻牌：8♠7♣2♥

行动：过牌还是下注？

回答：过牌。你的两头顺加同花听牌（甚至还有对子听牌），可能在目前是最好的牌。如果不是有一个已经全下的玩家，你绝对应该下注，对手如果跟注，他很可能是落后的，如果他弃牌，你能直接赢下一个大底池。

但是，现在还存在一个已经全下的玩家，这改变了情况。比如小盲拿着Q♥J♠，你下注1200，他很可能因为没有成牌且现在是泡沫期而弃牌，那样你就不能从你的对手赢得任何筹码。如果你后面听到了牌，那么没有从对手那里获得更多筹码，因为他已经弃牌了（如果你们都过牌，你听到牌后下注，他也可能形成了对子之类的牌，这时他就可能跟注。）因此，翻牌把对手打走降低了你的潜在收益。

如果你在后面没有听到牌，你的9高牌就非常弱了，几乎肯定会输给已经全下的按钮位玩家，因为你的下注而被迫弃牌的小盲玩家，如果一直在牌局中，很可能最后形成对子或者或其他牌而淘汰全下的玩家，这样会增加包括你在内的所有剩余玩家的锦标赛权益。但如果你先下注而将小盲玩家逼走，那后面的情况就不会发生了。

所以，应该在翻牌阶段过牌，只在后面形成强牌的时候才下注。

牌例 3-20

盲注：200 ~ 400，5 个玩家。

你的牌：你（5100）在大盲位拿着 A♠4♠。

到你：所有人弃牌到按钮位，他全下了 250 筹码；松的小盲玩家有 3900 筹码，他加注到 800。

问题：弃牌，跟注，还是加注？

回答：跟注，你有 3∶1 的底池赔率，拿着同花 AX，这样的牌可以跟注，看翻牌。

行动：你跟注。（3 个玩家，750 主池，1100 的边池。）

翻牌：A♣T♣4♥

行动：小盲过牌。

问题：你该怎么做？

回答：下注 1200，这里跟上个例子不一样，那里过牌是正确的，而在这里，过牌就是个大的错误。原因在于这里有两点重要的不同：

1. 你的牌比较弱。在上一个例子中，很多牌在后面可能帮到你，而在这里，后面发出的很多牌都会让你担心，比如 10，任意一张梅花牌（对手可能形成同花），或者人头牌（对方可能成顺子或者更好的两对）。所以这时你应该下注，对手的听牌可能弃牌，即使对手加注你也不会害怕，基本上现在你的两对肯定是领先的。

2. 现在存在一个边池，而且边池比主池还要大，有 1100 的筹码，直接赢下边池很不错。而上个例子中没有边池。这是另一个关键的差异。就算小盲弃牌，全下的按钮玩家用更好的牌拿下主池，你仍可以拿下1100的边池。

3. 你的牌足够强，几乎肯定强于全下的小筹码玩家，没有必要把其他玩家留在底池中，不需要利用其他牌手把全下玩家淘汰，靠你自己就足够了。

4. 即使全下的小筹码玩家最后赢了主池，750的筹码也不会改变什么。

这个牌局还有个值得注意的地方，小盲是翻牌前加注进入底池的，而非按钮位全下后的跟注，这与前面提到的含蓄共谋行为是不一样的，所以不要期望你的对手会很友善地一直看牌到底。尤其是在低买入的比赛中，没有经验的牌手会在空边池时很随意地诈唬，就算他把其他牌手都赶走了，而他自己手上可能并没有好牌，结果让全下的小筹码玩家最后获胜。

在含蓄共谋很清楚和明显的情况下，如果对手仍主动下注，你就要考虑对手的水平和形象。如果对手是一个水平较高的稳健型牌手，你就应该弃掉不是足够强的牌，因为这时对手的下注一定是价值下注。但如果对抗的是一个水平较差的弱玩家，不要轻易弃掉一手还不错的牌。

翻牌前的一种加注方式：不用全部筹码但相当于全下

前面大部分情况下我们讨论的都是高盲注阶的全下，但是，实际上你不需要每次都是用所有筹码全下。有时，你可以做一个足够大的加注，大到显示你已经肯定粘池。这么做有时效果很好，因为这么做会掩饰你偷盲或反偷盲的意图，特别是当你短筹码时，直接全下会被当成孤注一掷的搏杀。

如果你进行非全压的加注，目的就是为了避免让人看起来绝望的全下，那就要确保你的加注额度足够大。足以让所有对手都明白你已经粘池，且不会放弃这个底池。

下面这两个例子，你可能在实战中遇到：

1. 盲注：200-400；筹码1400，加注到1000。
2. 盲注：300-600；筹码2200，加注到1500。

一个使用不当的例子：

3. 盲注：100-200；筹码1800，加注到800。

第三个例子中，如果想用加注起到全下的效果，即你已经不准备放弃这个底池了，那你的加注额太小了，有些对手可能认为你并没有套入底池。如果对手拿着小对子，他可能会觉得你还是有一定弃牌率的，他可能会全下，这样就没有起到你原本希望达到的效果。

记住，如果你前面已经直接全下了很多次，或你的全下很容易被对手理解为孤注一掷的搏杀，那么你应该偶尔混合使用各种玩法，包括这里讲的"不用全部筹码但相当于全下的加注"。

牌例3-21

盲注：200～400，6个玩家。

你的牌：你（1850）在UTG位置着J♠8♠。

问题：弃牌，全下，或者做一个加注？

回答：加注1200。你已经必须玩这手牌，从而避免马上被盲注吞噬，1200的加注已经表明你已经明显粘池了，这种加注有两个优点：

1. 做一个标准的3倍大盲的价值型加注，看样子是很自信而不是孤注一掷全下的搏杀形象。

2. 从心理上讲，这样的加注后，你手里还有筹码，这样就不像直接全下时对手只要考虑当下跟或不跟就可以，他们还必须要考虑翻牌后的行动。只要你手里还有筹码，对手在决定是否跟注时就要考虑后面可能的一系列变化，而这是大部分牌手或多或少在心里想避免的。

在大盲位要敢于对被动的对手进行攻击

如果你是大盲注，所有人都弃牌到小盲注，他溜入。面对小盲这种较为被动的溜入，你要拿比较宽的牌对他进行加注。绝大多数情况下，他应该没有好牌，这并不是在对你设陷阱，而是因为他没有理由判断你会加注。如果盲注已经很大，比如你和小盲的有效筹码不足10BB时，面对小盲的平跟，你拿着任何两张牌都可以考虑全下。

牌例 3-22

盲注：200 ~ 400，6 个玩家。

你的牌：你（2000）在大盲注拿着 T♣8♠。

到你：所有人弃牌，小盲有 2500 的筹码，跟注。

问题：过牌还是加注？

回答：全下。底池有 800 的筹码，相对于你的 2000 筹码已经不少，拿下 800 对你很重要。即使你被跟注，你也至少有 33% 的机会赢，除非遇到超对。

牌例 3-23

盲注：400 ~ 800，3 个玩家。

你的牌：你（4200）在大盲位拿着 J♠9♣。

到你：松被动的按钮玩家（8000）跟注，紧凶小盲玩家（6600）也跟。

问题：过牌还是加注？

回答：全下。相对于这个大的底池，你已经算短筹码，而且没有人显示有很强的牌，你的隔张同花牌对抗各种类型的牌都不错，应该全下。

4. 全下跟注和有利可图的"被动"玩法

在大盲位跟注短筹码的全下

到目前为止，我们在高盲注章节讨论的几乎都是激进进攻的方法：全下偷盲，为避免盲注吞噬的边缘牌全下，如何对付高盲溜入者等。这些战术都是你在单桌锦标赛进入高盲注阶段时要熟练掌握并灵活应用的利器。

除了上面的主动攻击方法，还有很多看似被动但实际有利可图的行动，也要熟悉和运用。随着盲注的上涨，经常出现短筹码孤注一掷的全下，其中有很多应该跟注而且期望收益显著为正的机会。实际上，许多人，甚至玩得较松的玩家，也经常错误地弃牌给短筹码的全下。

简而言之，高盲注阶段对翻牌前全下进行跟注的基本准则是：

面对翻牌前的全下，如果你的底池赔率优于2：1，且你跟注后就可以结束翻牌前的所有行动，那么用任意两张牌去跟注总是正确的。

其背后的原理在于，大部分情况下，翻牌后最不利的情形是对抗两张高张，虽然有时候你也会遇到大口袋对，但有时对手完全是诈唬，什么都没有，牌比你还差。所以在翻牌前面对好于2：1的底池赔率时，跟注的期望值总是正的（+cEV）。

当然这也不是说每一次遇到这样的情况，你都一定要跟注。举例来说，如果你面对11：5的底池赔率，拿着不同花的两张低牌，如果跟注并输了则筹码量将直接减少，那么你应该考虑弃牌。这么说吧，当面对好于2：1的底池赔率，你在决策时需要找到不跟注的理由，如果找到了就可以不跟。你不需要去找跟注的原因。

下面的例子，我们讨论面对全下时是否跟注的边缘状态，或虽然底池赔率比2：1差，但你有不弃牌的其他原因，这些因素包括你要权衡面对的底池赔率，以及你跟注获胜或失败后对你的锦标赛权益的影响等。

牌例 3-24

盲注：200～400，6个玩家。

你的牌：你（2750）在大盲位置拿着 7♣2♠。

到你：所有人弃牌到松凶的按钮玩家，他（850）全下，小盲选择弃牌。

问题：跟注还是弃牌？

回答：跟注，短筹码按钮玩家在这里会拿着任何牌被迫全下，你的最大潜在损失是450筹码，而底池赔率是3.5：1。这时弃牌是一个很大的错误，你有可能直接把这个对手淘汰（你的7高牌在多人局中是最差的起手牌，但在单挑时并不是，他要强于3-2这样的更小的牌，而且即使面对小口袋对或 A 小牌，落后得也不多）。如果直接弃牌，对手的筹码将又有一定竞争力了。

牌例 3-25

盲注：300～600，4个玩家。

你的牌：你（6800）在大盲位拿着9♠7♣。

到你：按钮前位玩家弃牌，按钮弃牌，小盲（1566）全下。

问题：跟注还是弃牌？

回答：跟注。这是一个只需要考虑底池赔率就可以决定的问题。底池有2500，需要花费1200去跟注，底池赔率比2：1好。记住，当你拥有好于2：1的底池赔率时，面对短筹码全下，你需要找的是不跟注的理由。这里，损失1300筹码不会显著影响你后面获胜的机会。孤注一掷的小盲可能用任意两张牌全下。在这种情况下，只有在拿着两张不同色的低牌时考虑弃牌，你的中间大小的不同色隔张连牌足够跟注了。

牌例 3-26

盲注：300～600，6个玩家。

你的牌：你（2400）在大盲位置拿着6♥3♠。桌面牌风偏弱，经常没有抵抗地偷盲成功。

行动：UTG弃牌，紧弱玩家UTG+1全下他的1900筹码，所有人弃牌到你。

问题：跟注还是弃牌？

回答：弃牌。实际上，这时你面对2：1的底池赔率，而促使你弃牌的原因有两个。一是你的牌是两个不同色的低牌，牌力非常弱；二是如果你输掉，将只剩下1000的筹码，后面除非有特别好的运气，否则很可能会被淘汰。而如果弃牌，你仍有足够偷盲的4倍大盲的筹码。

这手牌中的一个重要信息是"这是整体上玩得消极被动的牌桌"，

这意味着在进入奖励圈前很可能没有人愿意面对大的加注去跟注。盲注是 300～600，你弃牌后还有 2400 筹码，这个筹码量还是有相当威慑力，你后面主动加注或全下都会有很好的弃牌率。这些因素促使你决定放弃这个虽然 cEV 略微为正的边缘跟注。换句话说，考虑到后面的局势，从整体考虑，你应该放弃这个在数学上期望价值略微为正的跟注。

对大的翻牌前全下的跟注

面对翻牌前大筹码玩家的全下，你选择跟注的原因有以下几个方面：

1. 价值：如果底池赔率和你的牌力为跟注提供了正的期望值，那么你会跟注。

2. 形象：特别是你在大盲位置时，对大的全下选择跟注对你的形象建立很有好处，这样会让别人在偷取你的盲注时有所顾忌，而选择面对全下进行跟注是建立这种形象的最好途径。

3. 淘汰对手出局：虽然跟注比较边缘，但在有可能将一个水平很好的玩家淘汰出局的时候，你可能愿意和他拼运气，这样一旦将一个优秀玩家淘汰出局，会增加你和其他牌手的锦标赛权益。

你的筹码和全下者的筹码量关系很关键，如果你的筹码量明显比对手多，那就尽可能抓住机会，面对那些边缘情形也都选择跟注。举个例子，假如你在大盲拿着：

如果底池赔率大于 2：1，你的筹码远多于对手，即使拿着这种垃圾牌，你也应该跟注，这是因为跟注符合上面提到的三个原因中的任何一个。

牌例 3-27

盲注：300 ~ 600，5 个玩家。

你的牌：你（5500）在大盲位拿着 7♠5♠。

行动：激进的 UTG 玩家全下了他的 2100 筹码，所有人弃牌到你。

问题：弃牌还是跟注？

回答：跟注，底池筹码是 3000，需要花费 1500 去跟注，正好是 2：1 的底池赔率，对抗两张高牌，你的获胜赔率处于 3：2 的劣势，如果不幸遇到了超对，就会处于 4：1 的劣势，但出现超对比出现两张高牌的概率低很多。

而且，很多时候你对抗的是单张高牌（比如 A♣3♥），这样你处于 11：9 的劣势，双方的获胜机会已经比较接近了。综合以上各种情形，你有相当不错的机会能最终获胜，即使你输了，也不会受太大的影响。而且牌桌上的所有对手都看到你会用 7 高的牌来投入 1500 的筹码保护自己的盲注，这会降低后面对手偷你盲注的概率。

记住，只要有 2∶1 或更好的底池赔率，你就可以跟注，除非你找到明确的不跟注的理由。

牌例 3-28

盲注：200～400，7 个玩家。

你的牌：你（1580）在按钮位拿着 8♥8♣。

行动：所有人弃牌到 HJ 位玩家，他全下了 1800 筹码，按钮前位玩家弃牌。

问题：弃牌还是跟注？

回答：跟注。你有 4 倍大盲，随时需要找机会行动。你的牌很可能是目前最好的牌，对抗两张高牌，你有 11∶9 的优势，面对单张高牌，你有 7∶3 的优势。而且，底池很可能有两个盲注提供的 600 的死筹码，你全下后面对的底池赔率接近 7∶5（2180∶1580），尽管你希望最好自己是主动进攻的一方，但在这里难得拿到这种不错的牌，加上形势所迫，你不得不全下拼运气了。

在本书前面，我们曾介绍了如何辨别对手的价值加注和偷盲加注，进而影响到判断进行反偷盲加注时被对手跟注的风险。本节介绍的内容对这些决策也很有用，可以相互对照学习，熟练运用。

牌例 3-29

盲注：400～800，4 个玩家。

你的牌：你（9750）在大盲位拿着 K♠9♣。

到你：经验丰富的紧凶玩家（2900）从 UTG 位置全下。按钮位（1900）和小盲注（4600）弃牌。

问题：弃牌还是跟注？

回答：跟注，这实质上还是一个底池赔率的计算问题。底池4100，你花2300跟注。底池赔率在3∶2和2∶1之间，但从ICM角度计算的赔率会略小一些。对于水平高的玩家而言，为了避免被盲注吞噬，他可能会拿着非常宽的牌在UTG位置全下，包括有一张高于10的牌、同花连牌、小口袋对等等。综合而言，你的牌和对手的牌应该有差不多的获胜概率。

同时，底池赔率不错，就算输了你仍是筹码领先者。另外，你有机会淘汰一个水平较高的玩家，而且所有对手看到你会用K高牌跟这样一个大的全下，有利于维护你保护盲注的形象，迫使对手们在后面不敢轻易对你偷盲。

牌例 3-30

盲注：200 ~ 400，9个玩家。

你的牌：你（1260）在按钮前位拿着 A♦9♦。

到你：所有人弃牌到 MP3 位（2300），他全下。

问题：弃牌还是跟注？

回答：跟注。在被盲注吞噬前，你还有几手牌可以行动。你拿着A♦9♦这样好的牌，尤其是底池赔率非常好（3∶2）的情况下，尽管你不是主动进攻者，而只是被动跟注者，你也不应该放弃。

还有一种情况下总是应该跟注，那就是你的筹码已经极少时。

当只有极少筹码时（2倍大盲或更少）

总体上来说，对短筹码来说，最佳游戏策略就是抓住一次机会全下，试图偷取盲注。但这取决于你的筹码究竟有多短，这个原则并不是一成不变。当你的筹码极短时，这个原则就不成立了。

假设你刚刚输了一个大的全下，还剩下不到两倍大盲的筹码。很显然，你极需要好牌和一点运气。为了最大化你重新回到正轨的概率，你能够做点什么吗？

是的，你应该抓住一切机会，利用其他玩家抢盲的机会，你也进入底池，赢得一起争夺"准死筹码"的机会。所谓"准死筹码"就是哪些虽然放入底池，但它的放入者"很可能"不会对底池进行争夺的筹码。比如，如果有人全下或做了一个大加注，在盲注位玩家还没有行动前，底池中的大盲和小盲的这些筹码就是"准死筹码"，如果大小盲真的弃牌了，那这些筹码就变成"死筹码"了。

下面是我们对于极小筹码玩家的建议：

如果你的筹码只有两倍盲注或更少，而你自己又不是盲注的时候，这时主动进攻原则不再适用：你希望有人加注，这时不管你是什么牌，你都可以借着这个机会跟注全下。或者，你需要等到一手还不错的牌时主动全下。

这是因为，因为你的筹码已经非常少，对所有对手而言已经可以忽略不计了，当有其他人攻击盲注时，盲注的筹码是"准死筹码"，并很有可能成为"死筹码"，对你而言，这些死筹码是非常大的一笔财富，你希望和那位主动进攻者单挑拼运气。

更具体地说，假设你的筹码不足两倍盲注，并且不在盲注位，有一个后位玩家全下（他至少有 3.5 倍大盲，全下的筹码越多对你越有利），这时你应该跟注。这时，盲注位玩家们大部分情况下会弃牌，你和全压玩家拼运气，当你赢了的时候，你从全下者那里赢得差不多

2BB 的筹码，另外还有 1.5BB 的盲注们的筹码，总共增加了 3.5 BB 的筹码。请注意到这里的关键：通过跟注全下者，你只是和一个对手拼运气，却有可能筹码翻 3 倍（略多于 3 倍或略少于 3 倍）。

你应该寻找下面的机会：

1. 你感觉加注者是在试图偷取盲注（这样你跟注后面对的不是超强牌）。

2. 如果你弃牌的话，他的偷盲很有可能会成功（因为他的加注比较大，对盲注玩家有较大的压力）。

当以上情况出现时，由于底池的"准死筹码"相对于你的筹码显得如此之多，这时是你跟注并与这个加注者拼运气的时候了。

此外，当盲注涨得很高的时候，大家通常都不会等到一手强牌才偷盲。你经常会面对类似于下面的中等的两张高牌：

或者小的口袋对子。你的两张随机牌只有很少的情况下才会处于明显的劣势。

在拿着超短筹码进行游戏的时候，需要我们拥有良好的直觉，并且要抓住任何可能的机会。与单独一个偷盲加注者比运气，获得让自己的筹码翻三倍的可能性，这样的一个机会是让你从锦标赛死亡边缘回来的最好方式。

刚才的讨论是你不在盲注位,现在假设我们只有极少筹码并且处于盲注位置,面对一个大的加注,你是否依然应该跟注呢?回答是肯定的。不论你是大盲注还是小盲注,你投入底池作为盲注的筹码已经不属于你。不论如何,因为你付出的盲注已经是你所剩筹码的一大部分,你肯定要放入所有筹码赌一把运气了。

在"第三部分:高盲注阶段"的开头,我们曾经提到,尽量不要将自己置于一个只剩不到 3 倍大盲的情形,因为这种筹码量会让你丧失了偷盲的可能性。但实际上这种情况是可能发生的,比如当你输掉了一场与筹码稍少于你的对手的全下比拼时。当你不得不面对这样一种情形时,你仍然应该稳住心态,按照这一节介绍的方法,充满智慧地玩牌,仍有机会重新回到奖金争夺者的行列,而不是在遭遇大挫折后就自暴自弃,很随意和盲目地推掉你所有的筹码。

当然,当你只有 2-3 倍大盲的时候,如果拿到了一手还不错的牌,那就什么也不用考虑和分析了,不管有没有加注者,你要做的就是把你的所有筹码推入底池。

牌例 3-31

盲注:200 ~ 400,8 个玩家。

你的牌:你(535)在大盲位拿着 T♥2♠。

到你:所有人弃牌到按钮位的松凶型玩家(1800),他全下。小盲弃牌。

问题:你该怎样行动?

回答:跟注。这里对手的有效筹码是 935,所以问题就是你是否应该用两张垃圾牌和最后的 535 筹码参与一个 1535 筹码的底池?回答是肯定的。如果你弃牌,你还剩下可怜的 535 筹码,你需要有令人难以置信的好运气才能存活下来。底池赔率已经接近3：1，你的获胜赔率应该处于2：1（假设对手是拿着两张高牌来对你进攻），你应该跟。如果赢了，你将有2000筹码，重新回到了竞争者的行列并站稳了脚跟。如果输了，你虽然被淘汰了，但实际上也没什么损失，因为你弃牌的话，只剩下略多于一个大盲的筹码，与出局没什么太大区别。

牌例 3-32

盲注：200～400，8个玩家。

你的牌：你（750）在按钮位拿着 J♠9♣。

到你：所有人弃牌到按钮前位的紧凶型玩家（2000），他全下，两个盲注位玩家都有较多筹码。

问题：跟注还是弃牌？

回答：跟注。这是一个极少筹码玩家难得的应该跟注的情形。你的筹码少于2倍大盲，你几乎可以确定，对手是在进行偷盲，两位盲注位玩家大多数情况会面对这个巨大下注而弃牌。所以你进行跟注是合理的。如果你获胜，筹码翻三倍，重新回到竞争者的行列。如果你弃牌，看似这把牌活下来了，但只有2倍大盲注的你，需要逆天的运气才能避免被盲注吞噬。相比于怯懦地弃牌然后期待着后面拿到好起手牌，不如抓住这次机会与对手拼运气！面对 Q♦8♥ 或者 A♠2♠ 之类的牌，你大概处于3：2的劣势。如果你赢了这次 +cEV 的拼运气，你将拥有超过2000的筹码。

牌例 3-33

盲注：300～600，4个玩家。

你的牌：你（1500）在按钮位拿着 J♣T♠。两位盲注都是大筹码。

到你：枪口位的紧凶型玩家（2500）全下。

问题：跟注或者弃牌？

回答：跟注。现在你基本属于极少筹码了。站在对手的位置来思考，马上就要轮到他当大盲了，为了避免被盲注吞噬，他也许会拿任何还说得过去的牌全下。有可能你现在的 J 高牌就是领先的，即使不是，你也基本不可能比 3:2 的劣势还差。而且，对大盲来说，面对枪口位大于 4 倍盲注的加注，他基本不可能跟注，很有可能是你和枪口位玩家两个比运气，如果你赢，将拥有 3900 筹码，枪口位玩家基本被废掉了，你将重新回到竞争者行列。

上面的牌局环境下，许多玩家会仅仅为了最大化进入奖励圈的机会而选择弃牌，你需要注意到两点：

1. 如果你弃牌，最有可能的结局就是，两位盲注玩家也跟着弃牌，你在两手牌后会被盲注吞噬。

2. 即使其中一个盲注玩家跟注并且赢了，将枪口位玩家淘汰，你进了奖励圈，但你获得比第三更好的名次的机会非常小。

牌例 3-34

盲注：300 ~ 600，6 个玩家。

你的牌：你（1080）在 UTG+1 位置拿着 A♠2♠。

到你：枪口位玩家弃牌。

问题：你该怎样行动？

回答：全下。在只有不够两倍大盲的筹码的时候，你不能期望会成功偷盲。但是拿着像 A♠2♠ 这样足够强的牌，你不能简单地弃牌，寄希望于等待更好的机会。即使面对 A♦K♣ 或者 K♥K♣ 这样的绝对强牌，你也不处于比2：1更差的劣势。在极少筹码时，跟注别人的全下是很好的选择，但这并不是说，当你发现你拿着一手不错的牌的时候，你不能主动全下。

这是一个关于极小筹码在盲注位已经粘池，但最好的选择是在翻牌后再全下的例子。

牌例 3-35

盲注：200 ~ 400，7个玩家。

你的牌：你（688）在大盲位拿着 T♠3♣。

到你：所有人弃牌到松被动的按钮前位玩家（2000），他跟注，按钮和小盲弃牌。

问题：过牌还是加注？

回答：过牌。底池里已经有1000，多于你剩余的筹码，你已经到了没有退路必须采取行动的时候。但你的筹码肯定不会使溜入的对手在翻牌前弃牌了，所以应该过牌，发出翻牌后，不管是什么牌你都直接全下。

行动：你过牌。（底池1000，还剩两人。）

翻牌：J♠ 4♣ 4♦

问题：继续过牌还是下注？

回答：下注500。估计对手即使仅仅只有一张A高牌也会跟注，但如果他是其他两张高牌，你看上去很有自信的下注有可能让他弃牌。如果他没有弃牌，后面要是发出T或3的话，你还是有机会赢的。

牌例 3-36

盲注：200 ~ 400

你的牌：你（585）在小盲位拿着 9♦6♦，大盲玩家有 2800 筹码。

到你：所有人弃牌到你。

问题：你该怎样行动？

回答：跟注。你是小盲，已经付出了 200 筹码，你拿着一手边缘牌，筹码量迫使你必须去玩这把牌。但是，如果你仅仅是简单地全下，那么大盲位不管拿着什么牌都会跟注，因为只要付出 385 就能去争夺 1185 的底池。所以这里你的全压是没有弃牌率的。在这里，你应该只是跟注，也许对手会过牌（如果对手加注，你肯定跟注。如果对手也过牌，在发出翻牌后，不管是什么牌面，你再全下。大盲位玩家如果完全错过翻牌，他有可能会弃牌，你或多或少还是有一点弃牌率的。

在类似的情况下，高水平牌手会理智和敏锐地找到更好的打法，尽可能地增加你直接拿下底池的概率（尽可能猎取对手的弃牌率），这些细腻的打法，长期而言会增加盈利。

高盲注阶段不应该攻击被动玩家的情况

我们曾经反复提到，在高盲注阶段，你要尽可能对翻牌前玩得很消极被动的玩家进行凶狠的攻击，包括你拿着还可以的牌时，对松且被动的高盲注溜入者的大额加注，或者基于盲注和你的筹码量而言对对手很有威慑力的小额加注等打法。但是，当被动型对手同时符合下面两个条件的时候，这个原则将不再成立：

1. 他是一个非常松的跟注桩。
2. 他的筹码要比你多很多。

这种超级松的深筹码玩家，他们会仅仅因为筹码比你多而跟注你。这种类型的玩家大部分出现在低额买入的单桌锦标赛中。当你发现这类牌手时，你要只对他们进行价值加注，因为他们很少弃牌。你面对这样的对手且他筹码比你多很多时，你要等待机会，直到拿到好于平均牌力的牌再对他采取行动。

牌例 3-37

盲注：200～400，7 个玩家。

你的牌：你（1600）在大盲位拿着 J♣T♠。

到你：翻牌前，所有人弃牌到处在按钮位的超级松的被动玩家（5700），他选择溜入。你曾看过这个玩家在进入 100-200 的高盲注阶段后，用 A♥4♦ 跟注了其他对手的一个巨大的再加注全下。小盲弃牌。

问题：过牌还是加注？

回答：过牌。现在底池筹码 1000（大约相当于你剩余筹码的 2/3），没有人显示出牌力，你拿着一手还不错的牌，为什么这里不选择全下呢？因为你现在面对的这个对手！根据你的观察和他现在的筹码量，他很可能并不介意继续用他选择溜入的两张牌来跟注你的 1200 的加注全下。你是 J 高牌，他的牌也许对你的牌有微弱优势，所以如果在这里选择全下，实际上就是冒着锦标赛被淘汰的危险主动选择劣势情况下的拼运气。因此，更好的选择是应该免费看翻牌，如果你击中了，你再选择继续玩下去。

行动：你过牌。（底池 1000，两个玩家。）

翻牌：4♣2♠2♥

问题：过牌还是下注？

回答：过牌。除非对手是口袋对，否则他也应该错过了这个翻牌，但你还是不要诈唬他，道理和之前一样，他玩得很松，还是个大筹码，他很可能愿意用任意两张高牌继续跟注。你接下来的计划应该是过牌/弃牌，除非后面你击中了 T 或者 J，这时你才应该下注并且希望他会用更差的牌来跟注。

牌例 3-38

盲注：200 ~ 400，7 个玩家。

你的牌：你（1450）在小盲位拿着 K♠6♣。

到你：所有人弃牌到松被动型的按钮前位（3500），他最小加注到 800，按钮位弃牌。

问题：你该如何行动？

回答：弃牌。当你只有大约 3 倍盲注的筹码而桌上还有其他 6 个对手的时候，通常你应该积极进攻，不再畏惧失去所有筹码的风险。但是，这次不能这样做。理由有三个：

1. 你的手牌的牌力非常边缘。面对小额加注的对手，你的牌仅领先对手可能持有的一小部分牌（如 QJ、JTs，或者对手是一个纯粹的偷盲。）

2. 你如果全下，对手肯定不会弃牌。你全下的筹码是 1450+200=1650，这意味着底池总共是 1650+400+800=2850。对于他来说，只需要再另外付出 850 就可以争夺这个巨大的底池。面对这样一个如此诱人的底池赔率，他可以用任意两张牌来跟注。即使对手不了解或不熟悉底池赔率的详细计算方法，仅仅凭借直觉也能做出正确的跟注决定。

3. 如果你弃牌，你 3 倍盲注的筹码量仍然还有机会偷取盲注。

牌例 3-39

盲注：300 ~ 600，6 个玩家。

你的牌：你（2100）在按钮位置手持 K♠Q♠。

到你：超级松的筹码领先者（6800）小额加注到 1200。

问题：你该如何行动？

回答：全下。类似之前提到过的例子，这里你无法期望对手会因为你的再加注全下而弃牌，但是，你的牌力已经足够强到让你在大多数情况下领先，或者仅仅是微弱的劣势。同时，这个加注至少可以强行把两个盲注玩家赶走，多出的 900 盲注筹码由你们两个去争夺。

牌例 3-40

盲注：200 ~ 400，8 个玩家。

你的牌：你（1700）在按钮位拿着 A♠6♣。

到你：所有人弃牌到按钮前位的松被动玩家，他做了一个典型的小额加注。

问题：你该如何行动？

回答：弃牌。如果你全下，他应该会跟。即使他不清楚底池赔率这个概念（他可能不知道从理论上讲，面对投入 900 去争夺一个 3100 的底池，他拿着任意两张牌都应该跟注），直觉也会让他意识到面对你的这个如此小的再加注，他应该要跟注，更何况相对你而言他还是大筹码。

在当前的牌局中，你还有 4BB 的筹码，除非你拿到一手足够强的牌（好到不怕对手的跟注），否则与投入所有筹码和对手拼运气相比，找机会主动偷盲是更好的选择。因为你的筹码量如果主动全下偷盲，对手还是有一定的弃牌率。所以，如果你不是绝对强牌，应该等待机会去攻击筹码更少或者玩得很紧的玩家。这种耐心所带来的回报就是更高的偷盲成功率，从而无风险（或更低风险的）获得已经进入底池的盲注筹码。那时，你有更好的机会无风险地把筹码增加 50%，你的筹码量让你还有时间来等待一个更好的主动进攻的机会。

5. 短桌游戏

在小盲注溜入偷取盲注

前面我们曾经讨论过高盲注溜入，因这种玩法很被动，通常我们应该避免这样玩。但如果你在小盲位而大盲玩家攻击性也不强时，你应该偶尔混合你的打法，选择在小盲位溜入。通常你会在小盲位拿着垃圾牌时直接弃牌，拿着强牌时进行加注，拿着还凑合或平均牌力的牌时进行平跟溜入。

当你拿着接近或略好于平均牌力的牌溜入时，如果对手加注，你基本上应该弃牌，如果他过牌，翻牌如果中了牌或者你认为对手很可能错过翻牌且对手面对你的小额下注有可能弃牌时，你可以直接做一个 1BB 到 1.5BB 的下注。如果翻牌你们都过牌，到转牌时，不管你是否中牌，都应该做一个小的下注。

牌例 3-41

盲注：400 ~ 800，单挑。

你的牌：你（8100）在按钮位拿着 7♠5♠。对手是松被动型。

问题：你该如何行动？

回答：跟注。你有 10BB 筹码，一个松被动型的对手，和一手中间大小的投机牌，这是一个不错的溜入偷盲机会。

行动：对手过牌。（两个玩家，底池 1600。）

翻牌：J♦4♥3♥

行动：对手过牌。

问题：下注还是过牌？

回答：下注 800。你下注了半个底池，期望回报是下注额的两倍。如果对手错过了翻牌，他很有可能会弃牌。如果对手加注，你可以很轻易地弃牌。如果他跟注，你后面依然有 4 张补牌（也许击中 5 或者 7 也可以拿下底池）。

牌例 3-42

盲注：300 ~ 600，5 个玩家。

你的牌：你（6100）在小盲注拿着 J♠4♠。大盲位玩家（3000）是一个紧弱型牌手。

到你：所有人弃牌。

问题：你该如何行动？

回答：全下。已经接近泡沫期，只有一个紧手对手，你的同花 J 高牌即使和对手拼运气也不会落后很多，而且对手面对你的全压几乎不会跟注，所以应该抓住机会全下偷盲。现在还不是溜入偷盲的时候，如果你这么做，一个优秀的玩家可能会拿着任何两张牌全下来攻击你。但这里，我们假设你选择了溜入，我们模拟一下后面可能的一种情况……

行动：你选择跟注并且大盲过牌。（1200 底池，两个玩家。）

翻牌：K♦4♥2♠

问题：下注还是过牌？

回答：下注 800。你击中了中间对子，并且有一个后门同花听牌，你的牌现在很可能是最好的。所以在这里主动下注，希望能直接拿下底池。

行动：你下注800，对手加注到2200。

问题：你该如何行动？

回答：弃牌。通过已经套入底池的加注，对手告诉你他要把手牌玩到底。因此，他的加注应该理解为他已经全下了3000的有效筹码，你面对的底池赔率是5∶2，但绝大多数情况下，你已经被打败了。

在快要接近奖励圈时，紧弱型玩家（跟其他类型玩家也差不多）面对进攻时，如果他的牌力无法打败一个中间对子，他是不会做一个粘池的加注的。你很有可能面对一个弱K，这种情况下，你的获胜赔率不到3∶1。你做了一个投入不大的尝试，试图直接拿下底池，但是遭到了反抗，你应该放弃这手牌，你还剩5000筹码，仍有足够的筹码继续在牌桌上施加压力。

三人游戏

当顺利晋级到三人游戏的时候，意味着这三个牌手都已经进入奖励圈了。许多玩家会感到沾沾自喜（至少是潜意识的）："我已经在这场锦标赛中赚到了，所以现在基本上相当于是一场免费比赛了。如果能获得更好的名次，很好；如果在这里被淘汰，也无所谓——至少我已经获得收益了。"

一定要明白这是一种错误的认知或情绪，你要保持高度的警惕。你是为了长期盈利而游戏，而不是为了在某一个孤立的比赛中进入奖励圈。记住，你获得一个第一要比你获得两个第三赢得更多。

现在，你的最佳策略就是严格按照标准的高盲注阶段进攻型打法继续战斗。抓住可能的机会进行偷盲或反偷盲，当盲注还不是很高时或大盲玩家玩得很被动时，在小盲位偶尔溜入。

牌例 3-43

盲注：200～400，3个玩家。

你的牌：你（5800）在按钮位拿着 A♠2♠。

问题：你该如何行动？

回答：加注到1000。在三人游戏里，你的牌很可能是最好的，所以做一个标准加注来尝试直接拿下底池。

牌例 3-44

盲注：600～1200，3个玩家。

你的牌：你（2800）在小盲注手持 K♠7♣。

到你：按钮玩家（5000）全下。

问题：跟注还是弃牌？

回答：跟注。在高盲注阶段的3人游戏中，你的牌还不错，面对很好的底池赔率（4600：1600，接近2：1）以及马上被盲注吞噬的局面，你应该跟注，拼一下运气。

牌例 3-45

盲注：400～800，3个玩家。

你的牌：你（8000）在大盲位拿着 Q♠9♣。

到你：松被动型的按钮位玩家（7600）跟注。小盲（2400）也跟注。

问题：过牌还是加注？

回答：过牌。加注全下也不是没有道理，但这里即使按钮位玩家弃牌了，小盲面对这么好的底池赔率，会用任意牌来跟注，因此这里实际上你的全下几乎没有弃牌率，因此，还是建议过牌。

行动：你过牌。（2400底池，3个玩家。）

翻牌：T♥9♥2♥

行动：小盲过牌。

问题：过牌还是下注？

回答：下注1500。你的中间对子可能是目前最好的牌，即使牌面有三张红桃，你也应该主动下注，而不是被动地跟别人的下注。

行动：你下注1500，按钮位玩家跟注。小盲全下手里的2000筹码。

问题：你该如何行动？

回答：跟注。底池已经有7400，而你只要再投入500就可以参与底池争夺。面对15∶1的底池赔率，你不可能弃掉手中的中对子。

行动：你跟注，按钮位玩家也跟注。（2个玩家，底池8400。）

转牌：A♥

问题：过牌还是下注？

回答：过牌。现在公共牌有4张红桃和一张A，你的中对子变得非常弱，所以过牌，期望能免费看到亮牌。

行动：你过牌，按钮位玩家全下4800。

问题：跟注还是弃牌？

回答：弃牌。这个时候，你的牌只能赢纯粹的诈唬。面对5∶2的底池赔率，你还有5200筹码，还有机会，弃牌吧。

行动：你弃牌。小盲亮出了J♠T♠，而按钮玩家亮出了Q♥J♦，击中同花赢下底池。

牌例3-46

盲注：100 ~ 200，3个玩家。

你的牌：考虑三种情况。你（4800）在按钮位拿着7♦6♦，J♠5♣，或A♥7♣。两位盲注玩家（8300，6300）看起来玩得很紧，但是你看到过他们都有过随机的反偷盲。

问题：你持有以上不同手牌的时候，该如何行动？

回答：7♦6♦。拿着不错的投机牌并且还有位置，应该积极进攻，尝试直接拿下底池，有时需要利用位置隐蔽地玩一些投机牌。加注到600，如果遭到再加注，你可以轻松地弃牌。

J♠5♣。弃掉这手垃圾牌。

A♥7♣。从牌力上看这手牌要强过7♦6♦，但是这手牌却更难打。我倾向于一个小一点的加注。如果你遭到反偷盲，你可以直接弃牌，筹码损失也不大。如果被跟注，后面发出A的话，你要保持警惕，谨慎判断对手是否也有A而自己的踢脚是否落后，要保持弃牌的警觉性。所以，这里可以加注到450左右。

牌例3-47

盲注：300 ~ 600，3个玩家。

你的牌：你（11000）在大盲位拿着T♠8♠。

到你：松被动的按钮位玩家（6000）最小加注到1200。小盲（2100）弃牌。

问题：你应该弃牌、跟注还是加注？

回答：全下。当有一个筹码很短的牌手很快就被盲注吞噬在第三或第四名时，筹码处于中间位置的玩家通常不愿意拿他们的全部筹码来搏命。所以，按钮位玩家除非拿着一手极强的牌才会跟注。另外，底池已经有超过2000的筹码，没有人展示很强的牌力（一个最小加注没有什么说服力），你的筹码足够多，输了也不会威胁到比赛生命，你的牌力只明显落后于 88 以上的口袋对。

在这里，你对按钮位玩家的解读变得非常重要。如果他是一个狡猾的紧凶型玩家，而你前面没有看过他做过最小加注，你应该弃牌。他的这个最小加注，很有可能是拿着大的口袋对或者两张很好的高牌，想引诱你再加注。但是对于大多数玩家，一个最小加注往往不是牌力的展现，仅仅是一次试图便宜地偷取盲注的行为。如果你选择全下向他施压，给他不合适的底池赔率（通常需要你至少再加注到他下注额的 3 倍筹码），绝大多数情况下他会选择弃牌。

单挑

很多人把网上锦标赛的最终单挑形容为类似"摇骰子"的游戏，因为快速上涨的盲注使得到了单挑阶段时，玩家相对于盲注而言的筹码量已经不深，因而会频繁地用弱牌彼此攻击。毫无疑问，这里面有相当的运气成分。但是，第一名和第二名之间奖金的巨大差距，单挑技术是你成为单桌锦标赛高水平牌手的必备条件。

总体而言，你必须保持进攻性，但针对不同的对手要采取不同的策略。

如果对手玩得比较被动，你应该更多地在按钮位跟注，当他加注时，大多数情况选择弃牌（对手加注意味着他真的有一手强牌）。如果你完全错过了翻牌，特别是面对紧弱型玩家时，经常做小一点的下注。如果对手是跟注桩型牌手，则尽量采取过牌/弃牌的方式。

对被动的对手，如果你翻牌中牌，应该毫不犹豫地进行价值下注。此外，当你击中翻牌的时候，面对对手的下注，一般不应该弃牌，除非你在没有粘池的情况下有强烈的判断感觉你已经被打败，比如说当你拿着底对，遇到了对手的再加注。

同时，如果你的起手牌强于平均牌力，应该在翻牌前进行价值加注。

如果你的对手也是攻击型的，那么你们之间的对抗通常就演变成了一场全下的比拼。在这种情况里，用更强的牌来全下（在小盲时该拿哪些牌全下参见附录B："全下的起手牌"），拿着弱一些的牌时跟注或弃牌。对手对你平跟进行再加注的可能性越高，你就越要直接弃掉一些无法加注的弱牌。

面对着一个频繁全下的对手，你必须用任何高于平均牌力的牌来跟注，比如 K♠8♣、6♦6♣、Q♠J♦，或者 A♦3♣。这体现了单挑时的基本原理：

在单挑时要保持攻击性，同时时刻留意对手的弱点并加以利用。

这里所说的对手的弱点，不一定就是对手玩得消极或被动（当然大部分牌手的弱点就是这个）。比如，如果盲注是100-200，你的对手（8000）几乎90%概率在全下，你（12000）就应该根据对手的这个过度攻击的弱点，放宽你的跟注范围。

关于单挑的最后几点提醒。要明白，只要你的行动是筹码意义上的正期望价值（cEV）的，那么它的锦标赛期望权益也是正的，即单挑时筹码价值和比赛权益价值是一致的。我们假设你参与的是109美元买入的10人单桌锦标赛，奖金分配是前三名500美元，300美元，200美元。现在你和另外一个玩家进入了单挑阶段，因为你们的奖金都不可能比第二名更差了，这相当于你们两人每人都已经获得了300美元奖金，接下来进行一个奖金为200美元的"赢者通吃"的游戏。因此，单挑时的筹码价值和权益价值是一致的，你在单挑时应该抓住任何筹码价值为正的机会。

牌例 3-48

盲注：200～400，单挑。

你的牌：你（2600）在大盲位手持 2♠2♦。按钮玩家（16200），一个极度松而激进的玩家，盲注上升到 200～400 后就一直全下，现在他仍然是全下。

问题：跟注还是弃牌？

回答：跟注。对手只有 15∶1 的概率拿着比你大的口袋对，其他情况下，你面对两张高牌的时候都有微弱优势。另外，你已经付出了 400 的盲注，底池赔率好于 1∶1。而且，处于短筹码的劣势又面对着一个疯狂进攻的对手，你必须尽快找机会将筹码翻倍，以避免被盲注吞噬。

牌例 3-49

盲注：300～600，单挑。

你的牌：你（2000）在大盲位手持 J♠5♠。

到你：紧凶风格的对手（17100）全下。

问题：跟注还是弃牌？

回答：跟注。你现在的形势很不利，但还是应该毫不犹豫地跟注。底池已经有 3200，你还要投入 2000。对手在这里会拿很宽的牌全下，如果你弃牌的话，在下一手牌付出盲注之后，你将剩下不到 3BB 的筹码。所以，面对超过 3∶2 的底池赔率，跟他赌一场，希望你这手平均牌力的牌能获得好结果。

牌例 3-50

盲注：600～1200，单挑。

你的牌：你（5000）在按钮位拿着 J♠2♠。

问题：你该如何行动？

回答：全下。在高盲注阶段，与拿着边缘牌全下相比，消极地被盲注吞噬是更加不可原谅的错误。底池已经有了 1800，而你的牌在单挑时属于平均牌力。高盲注单挑阶段要尽可能做主动攻击者，全下吧。

牌例 3-51

盲注：300～600，单挑。

你的牌：你（9400）在按钮位手持 7♠5♠。你的对手（9700）是一个紧凶玩家。

问题：你该如何行动？

回答：平跟溜入，希望依靠你的投机牌和有利位置来玩翻牌后。

行动：你投入 300 补全盲注，对手过牌。（1200 底池，两个玩家。）

翻牌：A♠K♥K♠

行动：对手做最小下注 600。

问题：你该如何行动？

回答：加注到 1400。翻牌前对手没有加注，不像拿着好牌。另外，假如他击中了 A 或 K，更可能的行动是过牌给你，而不是领先下注。很可能对手也意识到翻牌对你并没有帮助，所以做一个小的下注来偷取底池。因此，你可以加注，如果对手没有立即弃牌，那么除非你后面击中同花，否则不应该再投入筹码了。

牌例 3-52

盲注：400 ~ 800，单挑。

你的牌：你（6000）在按钮拿着 9♥4♠。对手非常激进。

问题：你该如何行动？

回答：弃牌。你在高盲注单挑中会玩得积极主动，但也不应该用垃圾牌全下。

牌例 3-53

盲注：400 ~ 800，单挑。

你的牌：你（9200）在大盲位拿着 A♠4♠。

到你：对手（9600）加注到 1600。

问题：你该如何行动？

回答：全下。底池已经有 2400，你的 A 同花牌在单挑中已经非常强。除非对手的加注令人无法琢磨（比如说是一个要么全下要么弃牌的紧凶型玩家），否则目前没有信息显示他拿着很强的牌。即使他拿着一把超强牌在慢玩，只要不是口袋 A，你也不会处于比 2∶1 更差的劣势。

牌例 3-54

盲注：300 ~ 600，单挑。

你的牌：你（11000）在按钮位拿着 K♠2♠。

问题：你该如何行动？

回答：加注到 1500。你的牌还凑合，但肯定不愿意拿这一手牌和有 15BB 筹码的对手打到全下。但是简单地弃牌又太可惜，可以加注到2.5BB，希望在翻牌前直接拿下底池。如果没有成功，对手再加注你就弃牌；如果他跟注，翻牌后做标准的持续下注。

牌例3-55

盲注：200～400，单挑。

你的牌：你（9100）在大盲位拿着5♥2♥。

到你：对手平跟。

问题：过牌还是加注？

回答：过牌，与当前盲注相比，你的筹码量还很大，你在没有位置的情况下拿到一手弱牌，应该免费看牌。

行动：你过牌（两个玩家，底池800。）

翻牌：J♥9♣3♥

问题：过牌还是下注？

回答：过牌，如果对手也过牌，你就获得了免费听同花的机会，如果对手下注，你应该……

行动：你过牌，对手做了一个400的小下注。

问题：怎么办？

回答：加注到1000，这是一个半诈唬。现在是单挑，对手很可能错过翻牌了，这时面对你的加注他会弃牌。如果他跟注，你后面还有机会击中同花并赢下一个大底池。但如果对手直接再加注，你基本上应该弃掉这手牌。（你应该知道当前你已经落后了。）

行动：你加到1000，对手跟注（两个玩家，池底2800。）

转牌：6♦

问题：过牌还是下注？

回答：下注1/2池底，1400，你现在增强为听卡顺和同花，有12

张牌可以让你的牌在单挑中成为一手超强牌。虽然你可以过牌，在对手下注的情况下做一个合理的跟注，但是在这里，主动下注是更好的决定。特别是目前对手并没有显示出很强的牌力，持续下注还可能直接逼对手弃牌。另外，如果下注后遭到对手强有力的大加注时，你还可以选择弃牌。如果他用一手强牌平跟（为了设陷阱），你可以在河牌形成强牌时获得他大量的筹码！

牌例 3-56

大盲：100 ~ 200，单挑。

你的牌：你（10000）在按钮位拿着 2♠2♣，对手（9700）是个紧手玩家。

问题：弃牌，跟注，还是加注？

回答：加注到 600，你在有位置的情况下拿到小口袋对，应该加注，力争直接赢下池底，或者在有位置的情况下玩一个大池。

行动：你加注到 600，对手跟注。（两个玩家，底池 1200。）

翻牌：J♥5♦4♣

行动：对手过牌。

问题：过牌还是下注？

回答：下注 750，你的小对子很可能还是领先的，如果对手没击中什么，很可能会弃牌。

行动：你下注 750，但对手最小加注到 1500。

问题：弃牌，跟注还是加注？

回答：弃牌。对手在翻牌前平跟并且在翻牌后过牌—加注，特别是在你持续示强的情况下，他几乎肯定拿着比你的小对子强的牌，你只有 5% 的机会提升牌力（而且有可能你已经没有补牌了），应该果断弃牌，减少损失。

牌例 3-57

盲注：100～200，单挑。

你的牌：你（7500）在按钮位拿着 XY。对手（12300）是一个水平中等的玩家，他参与到牌局的时候水平还不错，但稍微有些被动。

问题：如何玩这手牌取决于 XY 是什么。下面假设几种不同的手牌，看在低盲注单挑中，处于按钮位的你该如何处理。

回答：（1）Q♠2♥。跟注。在单挑中，Q 高牌弱踢脚属于偏差的中等牌力。加上你有位置优势，所以你应该玩这手牌。一张高牌和一张低牌的起手牌，看起来很难玩，所以要么跟注，要么做一个小加注，比如加注到 450。

（2）6♠5♠。加注到 600。在单挑中，有位置优势的时候，中等的同花连牌值得一玩。你的牌可以通过各种方式击中翻牌，单挑中击中翻牌基本就意味着你的牌力领先。另外，你翻牌前做了大的加注，这种攻击性很好地隐藏了你牌力（一个大的加注通常不会让人想到你拿着 6 高牌），初始的进攻者通常会让你在接下来更加容易决策。

比如对手在翻牌前做了一个大的再加注，或者翻牌出现三张大于 6 的高牌，对手领先下注，这些情况下你都可以轻松地弃牌。如果你翻牌没有击中或者击中的成牌很弱（比如翻牌是 K♥Q♥5♥），你都应该直接做一个标准的 1/3 到 1/2 底池的持续下注，经常可以直接拿下底池。你在翻牌前和翻牌后都在显示力量，当翻牌看起来很可能帮到你的时候，如果你的持续下注遭到对手的反击或对手跟注，你可以轻易退出牌局，因为对手应该已经领先于你了。

总体而言，我们说这个决策过程比较容易，是因为其效果是：你有可能从对手那里赢下大的底池或者小的底池，但对手只能从你这里赢下小底池。这是因为，因为你是持续进攻者，对手总假设你拿着不错的高牌或口袋对子，所以他不中牌时基本会放弃，但当他下注或者进行任何反抗时，你接下来都可以弃牌，除非你真的有一手超强牌。同时，你拿着类似6♠5♠这种不错的投机牌时，当对手同时也中牌而你击中超强牌时，你可以很好地隐藏牌力且获得巨大的底池。例如，对手拿着K♣T♥并且翻牌发出T♦6♥5♣，他也许会在翻牌投入所有筹码，或者翻牌发出7♠4♦3♠，他过牌，你也狡猾地过牌。转牌发出T♥，他下注，你做一个小的再加注，最后加上河牌的价值下注，你将赢下一个巨大的底池。

（3）6♥3♦。弃牌。这是一手垃圾牌。如果对手玩得很被动，那你用垃圾牌跟注可能是正cEV，此时可以跟。但是你要意识到，这手牌既没有当前牌力，也几乎没有在翻牌后提升的潜力。可以直接弃牌。

（4）Q♥T♣。加注到500。在单挑中，这手牌是一手很不错的牌，做一个标准加注。能够立即拿下底池非常理想，但是这手牌进入翻牌后也不错，特别是在有位置优势的时候。

牌例 5-58

盲注：100～200，单挑。

你的牌：你（7500）在按钮位拿着K♠3♣。对手（12300）是一个中等水平的玩家。

问题：你该如何行动？

回答：跟注。你有位置和一手高于平均牌力的牌，所以不应该弃牌。但是K高牌只适合玩小底池，理由之前已经说过。如果对手可能会面对一个小加注弃牌，那你可以考虑加注到450左右。但是，拿着

X- 小牌（X=A, K, Q 或者 J）这种牌型时，你尽量不要主动做大底池。这是因为你在翻牌前显示出有一定强力，且翻牌发出 X 牌的时候，对手对此会保持警觉，因此一但他决定和你玩一个大底池的时候，通常你已经落后了（例如他击中底两对等）。

牌例 3-59

盲注：400 ~ 800，单挑。

你的牌：你（6300）在大盲未拿着 K♠8♣。对手是个多桌锦标赛紧凶型牌手，单挑阶段当他在按钮位时，已经连续全下了 5 手牌。

到你：对手在按钮位全下。

问题：跟注还是弃牌？

回答：跟注。底池是 800（你的盲注）+7100（对手的全部筹码）=7900。你需要继续花费 6300 来参与底池，大概 5 : 4 的底池赔率。尽管底池比例没有太多吸引力，但对手的行动意味着他在用任何牌全下，而你的 K 高牌带中等踢脚，高于平均牌力。

面对这样一个激进的对手，最终结果一定是某个时刻在翻牌前把你所有筹码也推出去。尽管是做跟注，但是在这种打法且盲注正在不断吞噬筹码的时候（如果你弃掉这手牌，并且在接下来的三手牌也弃牌的话，你将只剩下 3900），你拿着还凑合的牌时，必须要跟注。

注意，对手这种看似极端鲁莽的超攻击性风格，在高盲注单挑中是一种不算很差的策略。不论如何，要比死等好牌、不断弃牌的策略要好得多。

6. 泡沫期不同筹码的不同策略

当还有四五个人的时候，你应该采取的策略通常都可以总结为"保持攻击性"。尽管如此，当接近奖励圈，牌手们拥有不同的筹码量时，最佳策略还可以进行更加详细的讨论。下面看一个具体的牌例。我们假设盲注是 100 ~ 200，还剩 4 个人，每个人的筹码量为：

玩家 A	8000
玩家 B	3500
玩家 C	1100
玩家 D	400

当你分别是玩家 A（筹码领先者）、玩家 B（平均筹码）、玩家 C（短筹码）、玩家 D（极短筹码）时，应该采取怎样的策略呢？

玩家 A 的策略

如果你是玩家 A，应该保持极强的攻击性。当玩家 D 不是大盲时，而你可以率先打开底池时，只要不是垃圾牌，你应该加注到 400-500，相信大部分情况下所有人都会全部弃牌。如果玩家 B 跟注了你的加注，那么不管翻牌是什么，都持续下注 500。如果对手翻牌主动下注，或者对你翻牌前或翻牌后进行再加注，那么很可能你已经落后，除非你有一手强牌，否则应该弃牌，因为你是筹码领先者，为了能安全地进入奖励圈，他会尽量避免和你这个大筹码发生碰撞，避免被淘汰。因此一旦他敢于向你反击，通常都是很强的牌。

如果你被玩家 C 或玩家 D 跟注或者再加注，可以和他们打到全下，尽管可能牌力落后，但以对方的筹码量来看，这个结果也不是太坏。如果你输了，你筹码领先者的位置依然稳固，你还有 7600 或 6900。泡沫期延长了甚至可能对你还有利，因为盲注继续增长将进一步增加所有牌手在泡沫期的风险厌恶情绪。

现在考虑已经有玩家进入底池的情形。如果已经进入底池的是玩家 C 或 D，你会面临非常好的底池赔率。是否应该跟注对手的全下，我们在其他地方已经有过详细介绍。玩家 B 在你之前进入底池是一种非常有趣的情况。除非他的加注让自己已经粘池，否则你应该再加注（至少是跟注），几乎不用管你拿着什么牌（除非对手也了解你并知道你的这个策略，因此经常给你设陷阱）。

假设玩家 B 是个攻击型玩家，在 UTG 位置，你（玩家 A）在按钮位拿着：

玩家 D 是大盲，玩家 C 是小盲。

假设玩家 B 小额加注到 400，你应该再加注到 1200 到 1400 左右。绝大多数情况下，2 个盲注会弃牌，他们希望 2 个大筹码干起来。对玩家 B 来说，在还有一个短筹码和一个超短筹码的情况下，通常只会在他拿到强牌的时候才继续，所以你的再加注通常会直接赢下底池的700筹码。

如果玩家B对你再加注全下，一定要相信他拿着很强的牌，不管底池赔率多么诱人，都应该弃牌，因为这时你通常面对的是一个大口袋对。如果B只是跟注了你的加注，这时你要提高警惕了，不要再往底池投入更多筹码，除非他持续向你示弱，两次都过牌给你（这种情况下，你可以考虑下注1/3到1/2底池，不过这也可能是对手的陷阱），或者翻牌极大地提升了你的牌力。

最后，我们考虑你在小盲位，其他人都弃牌到你的情况。面对玩家D时，假设他会拿任何两张牌跟注，此时，相当于你用300筹码去赢500的底池，这样的底池赔率下，你几乎拿着什么牌都应该加注全下，即使输了对你的筹码量和领先地位都没有影响。

对上玩家C，你应该拿着任意两张牌都全下，因为玩家C筹码排第三，玩家D马上就要被盲注吞噬出局了，他需要一手真正的强牌才能跟注。即使他跟注了，你也只是拿你8000筹码中的1100去冒险，无伤大雅。

对上玩家B，拿着任何稍微说得过去的牌就应该加注到600-800，剩下的牌（不管有多么差）都跟注。除非玩家B有一手大牌，否则你的加注通常将直接赢下底池。就算你的底池赔率不到1∶2（比如假设你加注到700），只要玩家B的3次里有超过2次会弃牌，长期来看你的打法也是盈利的。此外即使他跟注，你还有可能击中翻牌。

即使你的牌是两张不同花的小牌，而且没有位置，考虑到你平跟获得的底池赔率是3∶1，而且对方过牌后你在翻牌做小的持续下注（下注200-300）时，大部分情况下都能直接拿下底池，除非他拿着一手强牌或者翻牌与他有很强的关系。

总之，作为一个筹码领先者，玩家 A 应该利用泡沫期积累更多的筹码，要做到这样，就应该尽可能地持续攻击，力争直接拿下底池，以及拿着不错的牌时，面对短筹码或超短筹码的全下时进行价值跟注，因为玩家 A 有筹码优势。

玩家 B 的策略

当你攻击玩家 C 或者 D 时，或者跟注他们的全下时，你的策略可以比照上面玩家 A 的策略去分析。比如即使你全下输给了 C，你仍然是筹码第二，在 100-200 的盲注水平，你还有 2400 筹码，而且超级短筹码 D 很快就会被盲注吞噬。

一个重大的问题是你怎么对待玩家 A。这个问题和第三部分"高盲注玩法"中"泡沫期玩法"最初介绍的例子相似。你会发现，从锦标赛权益角度看，只有你在拿着 AA 或者 KK 时，翻牌前和玩家 A 打到全下才是正期望的。如果 A 意识到这一点，并且频繁地对你进行反偷盲，那你就应该很谨慎地偷盲，减少偷盲频率。如果 A 是紧－被动型玩家，而且（或者）没有意识到这一点，那你拿着好牌时对他有些攻击性，如果遭到反抗你就要弃牌，除非你拿着超强牌。

当 A 已经进入了底池，你又考虑要进行反偷盲或者只是跟注时，A、B 之间的对抗变得非常有趣。如果你认为你的牌很大概率领先了 A 的加注范围，应该直接再加注全下，从而最大化对手的弃牌率。（因为这个时候你不愿意和对方拼运气），如果你对是否应该对抗玩家 A 的大额偷盲加注拿不定主意或不是很自信时，那就主动弃牌。

你是否应该在某些情况下跟注 A 的加注？是的。像下面这个情况，就是很好的应该跟注的局面：

玩家 A 玩得很凶，在 UTG 做了一个标准的加注到 500，你（B）

在按钮位拿着 A♠K♣，C、D 是大小盲注。

这里，你应该跟注。你有强牌和位置优势，不能弃牌。

当你的筹码量也比较大时，也可以选择再加注，不过你现在的筹码量有点尴尬。如果你在加注到 1500 左右，万一玩家 A 全下，你的形势就很糟糕了（这时你正确的玩法是忍痛弃牌）。如果你直接再加注全下，你可不想拿着不是对子的高牌被跟注，因为我们在前面分析过，这时没有 AA 或者 KK，而被跟注会减少你的比赛权益，所以你再加注的基本目的就是偷盲。冒着失去 3500 的风险去赢底池的 800 有些不值得，特别当玩家 A 玩得很松并可能拿一些弱牌跟注时更要慎重全下。

这里可以选择跟注。大多数情况下两个盲注都会弃牌。如果翻牌发出 A 或者 K，翻牌后要力争尽快拿下底池，如果没中牌就过牌或弃牌。因为以你现在的筹码量，你希望最小化你的筹码波动，所以在有利位置拿着 AK 平跟是最符合这个战略的打法。

总之，当和玩家 C 或者玩家 D 对抗时，玩家 B 的打法和玩家 A 相似。应该尽量避免与玩家 A 斗争，如果要和玩家 A 玩，尽量玩小的底池或者在具有压倒性优势时才玩大底池。

玩家 C 的策略

大多数玩家处于 C 的位置时，会进入一种"关闭"模式，他们的理由是玩家 D 快被盲注吞噬了他们觉得应该不要再冒哪怕一点的风险，以确保自己进入奖励圈。这种看似很有道理的做法（等待玩家 D 被盲注吞噬而出局），可能因很少的几手牌就彻底改变。

比如，假设玩家 C 消极地连续两把弃牌。同时，玩家 D 的筹码翻倍了。D 通过在按钮位用下面的牌全下而筹码翻倍：

他跟注了一个 3 倍大盲的加注（同时得到底池中的准死筹码）。并且在随后的一把牌中成功全下偷盲成功。

上面描述的类似情况经常发生。两把牌之后，玩家 C 和 D 的位置实际上已经发生了互换，C 和 D 的筹码分别变为 500 和 1100，现在玩家 C 反而面临会被盲注吞噬的风险了。

所以玩家 C 在这里的游戏策略是不要等到最后才被迫入局，而是要保持攻击性，拿着还可以的牌时要给紧手玩家全下施压。记住，最重要的是：不要让你自己被盲注吞噬。高盲注阶段基本原理在这里仍然适用于玩家 C 这个短筹码，只是你必须小心选择全下的时机。

现在假设你（玩家 C）在 UTG 拿着：

玩家 A 在按钮位，玩得很被动；玩家 B 在小盲位，最近他很少入池；玩家 D 在放完大盲后还有 200 筹码。这时，你应该全下。你还有 5.5 倍大盲，在 4 人局中，你有一手很强的牌了，即使看起来很快就有一个玩家要被盲注吞噬而出局，你也不应该浪费这样的机会。

如果你在这里弃牌，玩家 D 可能赢下这个底池。在这种情况下，这手牌之后的 3 手牌后，你很可能只有 800 筹码，而玩家 D 有 500-900 的筹码。

所以，在泡沫期，当你是短筹码，而超级短筹码玩家的存在不应该明显改变你常规的攻击性策略。如果 D 总是大难不死，持续存活着，当玩家 B 在大盲位的时候，你应该拿着任何牌都全下，因为玩家 B 是最可能弃牌给你的对手（当然，如果玩家 A 玩得特别紧，或者玩家 D 之前在泡沫期曾经在大盲位弃过牌，那你就不一定专门盯着玩家 B 了）。

现在假设 A 和 B 都玩得很疯狂，会用很宽范围的牌跟注 1100 筹码的全下，会用任何两张牌跟注 400 筹码的全下。在这种情况下，如果你没有什么牌，不要主动全下，因为这时你可能会被跟注，同时大盲玩家考虑到当前形势也可能会被强迫跟注拼运气。在这种艰难的牌局环境下，谁被淘汰出局很大程度上取决于发给你的牌，大家持续不断的动作之下，你只能判断出自己牌力的位置，至于是否能存活，则看运气了。

最后，考虑你（玩家 C）在盲注位，而玩家 D 全下了。如果你是大盲，并且 A 和 B 都弃牌了，你应该用任何两张牌跟注，因为现在底池赔率是 3∶1 或者更好，并且必须抓住这个正 cEV 的机会淘汰玩家 D。如果你在小盲位，你应该弃掉弱牌和边缘牌，拿着比较强的牌时再加注全下。同时，如果大盲位玩家跟注了你和玩家 D 的全下，那么除非玩家 D 赢下主池同时大盲赢下边池，否则你基本会是第三或者更好的名次。

下面是后面这个情形的一个小例子：

你（玩家 C）在小盲位拿着 Q♦T♦，玩家 A 在 UTG 弃牌，D 在按钮位全下了 400 筹码，B 在大盲位还没行动。

这时，你应该再加注全下。你有同花的隔张高牌，底池赔率是 7∶4。拿着这样的好牌和接近 2∶1 的底池赔率，以及将玩家 D 淘汰的机会，你不能放弃这样的机会。只是跟注的话太被动，所以应该再加注全下。

有些情况下，玩家 C 只是跟注是正确的。例如：假设玩家 A 在 UTG 弃牌，你（玩家 C）在按钮拿着 K♠J♣，玩家 B 在小盲位，他玩得很凶，玩家 D 在放完大盲后还有 200 筹码。

这里，应该跟注。你的 KJ 很强，在三个人的牌中很可能是最好的，肯定不能弃牌，现在玩家 D 在淘汰的边缘，你当然很愿意单独和玩家 D 较量。那么，是不是该直接全下呢？当然，如果这时玩家 D 的筹码比你多，你的 1100 筹码是桌上的最短筹码时，那么全下是应该选择的玩法。不过现在，玩得很凶的筹码很深的 B 有可能用很宽范围的牌再全下（这时你处于领先的情况很少）。看到玩家 B 全下后，玩家 D 除非拿着超强牌，否则基本会弃牌，寄希望于玩家 B 把你（玩家 C）淘汰。此时你面临被淘汰的风险，玩家 D 却可能躺着进入奖励圈。不管输赢，你都损失了锦标赛权益。

现在考虑你跟注。如果玩家 B 弃牌，那你现在是和玩家 D 单挑，你可能拿着比对手好的牌，并且底池还有小盲的 100 死筹码；如果玩家 B 也选择跟注，你们俩就有很好的机会通过含蓄的共谋把玩家 D 淘汰；如果玩家 B 再加注，一种情况是你弃牌，玩家 D 跟注，这时你希望看到玩家 D 被淘汰；即使你弃牌同时玩家 D 也弃牌，你仍然提高了与玩家 D 之间的筹码比例，从 11∶4 提高到 9∶2，把更大的压力推给玩家 D。综上，这里跟注是很好的行动。

总之，作为玩家 C，尽管现在还有一个超级小筹码，但这并不能保证你自己不会被盲注吞噬，玩家 D 经常能够起死回生。而且，如果你玩得很保守，即使挤进奖励圈，你很少能取得比第三更好的名次。玩家 D 的存在引起你打法的调整，主要是上面提到的有时要第一个入池但是选择平跟，再就是由于玩家 A 和 B 跟注的范围可能很宽，所以你拿着边缘牌时要对他们全下，只要保证你筹码量领先于玩家 D 就可以了。除此之外，还是要保持正常的攻击性。

玩家 D 的策略

作为玩家 D，其游戏策略基本上在本部分"第三部分：高盲注玩法"的"当只有极小筹码时"小节中已经讨论过。但对于泡沫期，也有个别明显不同的差异。比如考虑下面的情况：

玩家 C 在 UTG 玩得很凶，你在按钮位，B 是小盲注，A 在大盲位玩的很轻率。

现在玩家 C 全下。如果不是在泡沫期，你不管拿着什么牌都应该跟注，这在前面的章节已经解释过了。但是这里，如果你手里是烂牌，应该弃牌。因为第二短筹码全下的牌的范围很宽，大盲位是玩的比较随便的筹码领先者大筹码，他很可能会跟注，这样就有可能把玩家 C 淘汰出局，你就进奖励圈了。

总之，作为极短筹码的玩家 D，应该在拿着凑合的牌时就要寻找机会主动出击，或者基于底池丰厚的准死筹码而跟注其他人的全下。例外的情况是：如果玩家 C 已经全下，你拿着一手弱牌，并且你判断玩家 A 或 B 会用很宽范围的牌跟注时，此时你应该放弃十分吸引你的底池比率，希望玩家 C 被跟注并被淘汰。

7. 高盲注玩法：总结

高盲注玩法很大程度上是一个较量胆量的游戏。盲注已经很高并且还要上升，你经常会发现，自己一直拿着没法玩的牌，或者连续几把牌都有人（甚至不止一人）已经抢先全下。但比赛的奖励圈就在这个阶段决定，游戏进入了体现极致攻击性的时刻。记住，永远不要被动地被盲注吞噬，这意味着，你必须在明知推下全部筹码很可能就马上出局的情况下也要全下。

在本章，我们虽然也讨论过一些既使被动，但期望权益为正的打法，比如底池赔率超过 2：1 时应该拿着弱牌跟注全下，但整体而言，在单桌锦标赛中，你的盈利取决于随着盲注上涨和人数减少时你能正确保持打法的攻击性。这是为什么前面经常说"……拿着任何牌都应该全下，因为筹码马上就要被盲注吞噬了……"或者在泡沫期你是筹码领先者且有效筹码不超过 10BB 时，在很多情况下你应该拿着任意牌都主动全下。这些战术打法是"攻击性原则"的鲜明体现。

记住，即使那些看上去很轻率、很鲁莽的玩家也不愿意被淘汰。所以在高盲注阶段，你要让对手们感受到充满技术含量的攻击型打法给他们带来的压力。在充分学习这几章内容后去实践吧，结果将说明一切。

第四部分

关于单桌锦标赛的其他重要主题

1. 前言

到目前为止，我们已经介绍了一场单桌锦标赛整个过程中的竞技策略和原理。现在我们转向一些其他重要问题。这包括：

· 对某个特定比赛买入级别而言，需要有多大的资金才能防止资金破产？

· 单桌锦标赛（SnG）和其他无限注德州扑克游戏形式的差别是什么？

· 选桌时要考虑的主要因素是哪些方面？

此外，我们将会给出一个详细的方法去解读对手。我们还讨论线上玩家能够额外提高盈利的工具和诀窍，包括同时玩多桌（这是很多职业牌手所采用的），以及在比赛时或比赛后如何使用合法的软件辅助你进行决策或分析。

一旦你掌握了前面几章介绍的单桌锦标赛基本策略，你的长期盈利情况将在很大程度上取决于其他关键点：例如解读对手，牌桌选择，以及本章即将讨论的其他主题等。让我们开始吧！

2. 单桌赛和其他形式德州扑克游戏的比较

单桌赛（SnG）和多桌赛（MTT）的区别

首先，单桌赛进入奖励圈的时间通常是 30 ~ 75 分钟，一般是前 30% 或者前 1/3 的牌手进入奖励圈，而多桌赛进入奖励圈的时间通常要 4 ~ 8 小时，只有 10% ~ 20% 的参赛者进入奖励圈。由于单场比赛的时间投入更少并且进入奖励圈的频率更高，因此与多桌赛相比，单桌赛的波动更小（即赢利或亏损的变化程度更低）。

第二，在多桌锦标赛中有更多的个人策略展现空间。但在单桌锦标赛，泡沫阶段是奖金从 0 到奖池 20% 的巨大跳跃，所以最佳策略比较清楚明了：应该在比赛早期玩得非常谨慎，尽量确保进入高盲注时还活着，然后，逐渐增加你的攻击性，最大化你夺取第一的可能性。

在多桌锦标赛中，有更多的个人打法变量空间。一些 MTT 赢家采取的策略与 SnG 的总体策略类似。简单而言，就是在早期玩得紧，当盲注上涨和人数减少时，逐渐增加攻击性。还有一些 MTT 高水平牌手采取不同的策略，他们也参与许多比赛早期的下底池，希望承受早期被淘汰的风险去不断积累筹码，希望自始至终能保持大筹码的机会。这种打法也要依赖于比赛比较长的升盲时间和缓慢增长的盲注设计结构，可以让他们能够保持比较好的筹码-盲注比例。与快节奏的单桌赛相比，这些玩家通常要求要有更好的翻牌后技术作为这种打法的支撑。

单桌赛和多桌锦标赛的另一个显著不同，是单桌赛你有更多的选桌机会，通过选择合适的比赛牌桌能增加你的期望回报水平。下面我们会专门介绍，选择竞争性弱的牌桌进行比赛将会极大提高单桌赛的投资回报。对单桌赛的选桌可以通过主观辨识、对对手做标记或者通过软件等方式。但对一个400人的MTT而言，判断对手的水平就很困难，而选择特定的桌子则完全不可能。所以，有意识地选择好的牌桌是单桌赛提高收益的巨大优势，但对多桌赛则不适用。本章后面我们专门介绍单桌赛选桌的细节问题。

前面我们在单桌赛策略中曾不断强调，你不能只满足于拿着短筹码熬进奖励圈，有时即使没进奖励圈，但只要打法没有问题，也应该愉悦地离开牌桌。但在MTT里，由于奖金的波动性更大，如果对你的总资金量来说，奖金的跳跃很大，"风险厌恶"可能使得你"熬名次"的做法可以接受。如果名次上升一个或两个奖金段能有效改善你的资金池（Bankroll），有利于你今后的资金管理，你可以合理地减少一些比较边缘的正权益打法。

最后，多桌锦标赛中，大部分时间你玩的都是满员桌。实际上，只有当你进入整个比赛的最后阶段时才会开始玩短桌。与此相对照，在大多数单桌锦标赛里，大多数对你起重要作用的牌都发生在6人或人数更少的牌局里。对单桌赛而言，总是玩满员桌意味着你经常很早出局，但多桌锦标赛则不能这么说。

以单挑为例。对10人单桌赛而言，一个平均水平的牌手会有20%的概率进入单挑，但同一个牌手在一个300人参赛的MTT中，进入单挑的机会不到1%。所以，单桌赛牌手要比多桌赛牌手更多且更熟练地掌握各种短桌游戏技巧，这也是我们在本书牌例中，使用了非常多的短桌牌例的原因。

以上是单桌锦标赛和多桌锦标赛的主要差异。下面我们介绍单桌赛和现金桌的差异。

单桌赛和现金桌的差异

在现金桌游戏里，筹码期望价值（cEV）是决策最重要的因素。但在单桌锦标赛中，比赛权益是决策的最重要因素，而筹码期望价值只是影响比赛权益的重要因素之一。所以，锦标赛牌手在决策时要在筹码期望价值的基础上再考虑一层，不仅要考虑一手牌的玩法会怎样影响筹码，还要考虑对最终奖金的影响。

但是，现金桌游戏要求更全面和敏锐的翻牌后技术。你必须懂得分析翻牌结构，深刻理解隐藏赔率，能够结合翻牌前和翻牌后信息判断对手的手牌范围，要有能力应对复杂棘手的深筹码牌局环境。而这些在快节奏的单桌锦标赛中很少遇到，在单桌赛中，高盲注玩法占主导地位。

郑重提示：本书介绍的德州扑克打法不适用于现金桌游戏和慢节奏的多桌锦标赛的早期（与筹码相比盲注还很小时）。虽然很多原理是相通的，但三种游戏差异巨大，具体打法上不能通用，一定要区分开来，独立考虑。

赢者通吃（Winner-Take-All）单桌赛

赢者通吃单桌赛（WTA）是德州扑克单桌赛的一种特殊形式，经常在一些重要大赛的资格赛上采用。赢者通吃赛中，有时第二名也有一点奖励，但绝大部分奖励或者全部奖励都归第一名。以下我们假设全部奖励都归第一名。在赢者通吃赛中，最重要的原理是：

在赢者通吃赛中，筹码价值不再变化。因此，在比赛中筹码期望价值和比赛权益是一样的。

筹码价值不变的原因，在于除第一名之外的玩家都没有奖金。比如，你正在参加 10 人 WSOP 主赛资格赛，每个玩家报名费 1000 美元，第一名得到价值 10000 美元的 WSOP 主赛参赛资格，其他人没有任何奖励。假设每个玩家的初始筹码是 2000，初始阶段每个筹码的价值：

$$0.5\text{美元} = \frac{1000\text{美元}}{2000\text{个筹码}}$$

最终的冠军最后赢得 20000 筹码，获得价值 10000 美元的奖励，因此每个筹码仍然价值 0.5 美元。

这与大多数玩家的直觉有也是一致的。在标准单桌赛中，就算新手也会尽力避免在第四名被淘汰出局。但在赢者通吃赛中没有这个加剧牌手风险厌恶程度的跳跃点。

因此，独立筹码模型（ICM）和其他基于比赛权益的考虑因素在 WTA 比赛中没有特别作用了，只要从筹码角度考虑就可以了。如果你认为某个玩法能给你带来最大的筹码期望值，那除非你有特别过硬的理由，否则你就应该照此行动。

问题：在赢者通吃赛的低盲注阶段，是不是仍然应该谨慎地玩？

回答：看情况。这里，不再有任何因比赛结构等固有因素决定你应该开始阶段谨慎地玩。你要根据自身优势决定游戏策略。如果你最擅长的就是常规单桌赛中高盲注阶段的那些翻牌前的技战术，你仍可以在低盲注阶段谨慎地玩。

但我们第一章介绍的 Jim-Bob 对抗案例中体现的原理不再适用。在赢者通吃锦标赛的前期一个抛硬币的对抗中你筹码翻倍，但在后面一个抛硬币中被淘汰，与你前面直接被淘汰是一样的，从期望收益角度看都是 0。

假如你是个对无限注德州扑克现金游戏技术纯熟的玩家，你应该利用你翻牌后的经验和技术，在低盲注阶段多参与一些牌局，力争抓住不擅长深筹码游戏的玩家的弱点，增加期望收益，这时你有更多的策略灵活性。

下面的牌例，我们的目的是强调赢者通吃赛和标准单桌赛的区别。

牌例 4-1

盲注：200 ~ 400，底注 25，4 个玩家，赢者通吃赛。

你的牌：你（3800）在大盲位拿着 A♠2♣。

到你：按钮前位（400）和按钮位（400）弃牌。鲁莽的小盲注全下，他会拿任意 2 张牌全下，对手筹码比你多。

问题：跟注还是弃牌？

回答：跟注。在标准单桌锦标赛中，可以轻松地弃牌，因为现在有两个玩家已经即将被盲注吞噬，你在没有显著优势的情况下应避免拿全部筹码去赌。但现在是赢者通吃赛，你只需要从筹码期望价值角度考虑即可，平均而言，A 高牌要比对手的两张任意牌强，应该跟注，而且还有一定的底池赔率优势，底池中已经有 700 的死筹码。

现在让我们在继续讨论上面的牌例，更加广泛地考虑下面的问题：

1. 在标准的桌赛中，你的牌需要强到什么程度才应该跟注？
2. 在赢者通吃赛中，你的牌差到什么程度才应该弃掉？

回答：

1. 在标准单桌赛中，有软件可以计算这种情况下哪些牌跟注的期望权益值是正的：只有拿着口袋 A 或口袋 K 时跟注的权益期望值才是正的。这手牌和和"第三部分：高盲注玩法"中"泡沫期玩法"

中部分内容的分析类似，可以参考前文。

2. 先让软件基于筹码期望值而不是比赛权益计算这个问题。cEV 为正的跟注牌包括：22+，J2+，t6+，t2s+，97o+，95s+，87o+，86s+，76s+。换个角度看，底池已经有700筹码，跟注的底池赔率是4500∶3800，接近6∶5。因此牌力稍微弱于平均牌力的牌都可以跟注，更差的牌应该弃掉。下面这些牌及更差的牌应该弃掉：T♣5♦，9♦6♣，9♠4♠，8♦6♣，和6♣5♣。

牌例 4-2

盲注：10 ~ 20，9 个玩家。

你的牌：你（1500）在 UTG 拿着 4♠4♣。

问题：弃牌，跟注还是加注？

回答：看情况。首先，注意，我们没有明确这手牌是在赢者通吃赛还是常规单桌赛。在不同的比赛形式中，弃牌或跟注都可能是大的错误。我们具体来看。

一方面，你有一手不错的投机牌，并且你筹码相对较多。另一方面，在9位牌手中，你第一个行动，盲注级别现在还很低。

对大多数玩家而言，在常规单桌赛，还有很多玩家（9个）的低盲注阶段，在不利位置通常应直接弃牌，除非牌桌玩得很松和被动，或者你感觉你深筹码技术明显领先。

但如果是赢者通吃赛，"低盲注，还有9个玩家"这些因素不再有特别的作用，因为奖金是赢者通吃。大部分情况下，拿着这种投机牌跟注有正筹码期望值，因此，你应该跟注。

总之，如果一手牌应该在现金游戏中弃牌，在赢者通吃赛和标准单桌赛中你也应该弃牌，在现金游戏中应该跟注的牌，在赢者通吃赛中应该跟注，但在标准单桌赛中要更加谨慎和警惕，有可能应该弃牌。

牌例 4-3

盲注：100 ~ 200，25 底池，5 个玩家，赢者通吃赛。

你的牌：你（2800）在按钮前位拿着 8♠8♣。

到你：HJ 位（350）弃牌，你加注到 550。按钮位（235）弃牌，但超级凶的小盲注玩家（3200）再加注全下。大盲（3000）弃牌。

问题：跟注还是弃牌？

回答：跟注。正如前文提到的，在标准单桌赛中，你应该弃牌，因为 5 个玩家中有 2 个是极短筹码。你要避免用所有筹码去赌运气，除非你已经粘池（比如，底池赔率是 9：1，你拿着可能是最好的牌），或者你拿着超强牌。

但在赢者通吃中，需要做更多分析。因为你唯一要关心的夺取第一名，因此要关注的唯一的问题是：长期来看，这个跟注能赚更多筹码吗？我们来分析一下。

底池现在是 3700。2800(小盲下注)+325(大盲注和底注)+550(你的下注)约等于 3700。同时，你需要再花 2800-550=2250 去跟注。因此，此时底池赔率好于 3：2。同时，对抗一个超级凶的玩家，平均而言你至少应该有均等的输赢机会。因为大部分情况下，他是用两张高牌全下，你的口袋对有微弱优势。如果他用一对全下，比你的牌大或小的概率各有 50%。他也有可能用 A♥5♥ 这样的牌全下，这时你胜率好于 2：1，或者他是纯诈唬（stone bluff），则你的胜率在 70：30，甚至可能是 85：15。

实际上，当对手用牌力前 15% 的牌反偷盲时，我们用软件计算可以指导，平均而言，我们的口袋 8 的获胜概率只是处于 11：9 的劣势。所以面对当前的底池赔率，跟注的筹码期望价值肯定是正的，因此，在赢者通吃赛中，此时你要跟注。

本小节的最后，我们介绍赢者通吃赛这种不太常见的比赛一般在哪里可以找到，以及如何判断这些比赛是否值得参加。

上面提到过，赢者通吃赛通常是作为更大比赛的卫星赛出现的。比如，一个扑克网站有晚间的100美元买入多桌锦标赛。因为有很多资金不足的玩家想参加这种奖金池更大的大型比赛，就产生了组织买入更小的卫星赛的需求。这些卫星赛可以采取一桌10人，买入为11美元+1美元的单桌赛比赛，冠军获得买入100美元买入多桌锦标赛参赛门票，第二名获得10美元奖金（基本收回本金）。因为第一名获得奖金池的绝大部分，因此这类卫星赛事实就是赢者通吃赛。

如果你认为赢者通吃赛的冠军奖励低于其现金价值（比如基于主赛的竞争激烈程度和不方便的时间安排，上面的赢者通吃赛的冠军奖励的主赛门票对你而言仅仅价值85美元，那么这个卫星赛的就不值得参加），就不要报名参加。赢者通吃赛与标准单桌锦标赛相比，波动性要大很多。在相同的买入水平下，面对同样的玩家，如果你的优势一样的话，每场比赛的期望利润是一样的，但在赢者通吃赛中，利润的波动更大。假设其他条件都一样，如果你更喜欢降低风险，你应该尽量多参加标准单桌锦标赛。因为标准单桌赛是前三位获得奖金，而赢者通吃赛只有第一名获得奖金，实际实现利润与你理论的期望利润的差异很大，即波动性很大，只有同级别的比赛次数足够多，期望利润额才可能逐步体现。

基于上述讨论，当然也可能存在很多有利可图的赢者通吃赛机会。比如，你发现有大量以世界扑克锦标赛（World Series of Poker）主赛门票奖励的赢者通吃赛，与标准的1000美元买入的标准单桌赛比，参加这些比赛你可能获得更高的期望利润，因为赢者通吃赛里有很多消遣性的玩家，他们想"以小搏大"，打得很简单随意，因此，你的对手整体而言可能更弱。如果你只打出 1 张门票，你可能会留给自己，但你获得多张门票后，后面的门票都可以通过转让变成现金。当有这样的机会时，很多牌手会转而选择参加赢者通吃赛，而不是标准单桌赛。

3. 一些能够增加盈利的技巧和技术

阅读对手的技巧

在网上游戏时，软件是提供对手有效统计数据的方法之一，但读牌技术能更快和更准确地提供一些关键的信息。而且，有时软件可能没法用，比如你在现场参加锦标赛或现金游戏，高效的大脑读牌成为成功的必备技术。

阅读对手的关键是一步步掌握读牌的方法。你一开始应该从练习掌握数量不多但非常重要的信息开始，以这为基础逐步提高。通过不断的经验积累和进步逐步形成扎实的解读技巧，而且最初的这些基础阅读对手的信息是最能给你带来价值的。

步骤 1：对单个对手进行解读

每次你坐在桌上，你首先要做的判断，是你紧邻着的左边的对手是松的、紧的或者其他风格，要在比赛中尽快判断对手进入底池的频率以及通过他亮牌的机会判断他的打法风格。

比如，你发现如果对手不在盲注位时基本上一直都弃牌，那他很可能是紧的玩家。如果他翻牌前跟注了前位的加注，最后亮出了：

那他玩得很松。把观察到的记录下来或记在心里，可以用作你未来决策的参考。

注意，这两个方面都需要你进行主动的观察。比如对手入池频率，不需要统计得很准确，但必须给对手一个定性的判断，属于频繁入池、很少入池，还是属于正常频率。同时，只要对手亮出牌，要认真回顾对手之前每一个阶段的打法，例如看对手玩得松还是紧，翻牌后是怎么打的。总之，仔细观察对手的一举一动非常关键。

习惯性地观察对手的行动是牌手要持续发展的基本技能，持续性地阅读对手，不管阅读到的信息有多少，都极端重要。不要坐到牌桌上而无所事事，一定要从最基础的步骤做起。

如果你感觉最左边的对手既不是紧手，也不是特别松，就换一个对手继续观察。注意，没有对手的信息比根据错误的信息决策要好。随着比赛的持续进行，每次轮到这个对手，都形成对他打法风格松或紧的解读。

步骤2：对多个对手的解读

在对步骤1熟练掌握后，慢慢开始观察更多的对手，你左边第一个玩家，你后面的两个玩家，你后面两个玩家以及桌面上最活跃的玩家等。持续这个过程，直到你可以判断出很多个对手是紧手还是松手或都不是，判断顺序可以依次为：

1-3. 你左边的三个玩家；

4. 你右边紧挨着的玩家；

5. 桌上的筹码领先者或最活跃的玩家。

在这个过程中，尝试性阅读是一个要点。假设你右边的对手前7手牌都是弃牌，虽然只从7手牌中得不到确定性的结论，但你可以从已经观察到的信息，尝试性地判断这个玩家更可能是紧的风格而不是松的风格，你可以在记录本上给这个玩家做一个"紧？"的标注，这样写的意思就是提示自己，他可能是没有明显风格的中性玩家或者很可能是偏紧的玩家，但尚需更多证据确认。

标注中带上问号"？"很重要，意思是提示你还要获得更多信息后才可以进一步对对手进行更准确的区分。在一些模棱两可的边缘状态下，任何信息都有用。更为重要的是，这些信息是你未来观察的基础。与没有任何解读的玩家相比，如果一个已经有试探性解读的玩家做了一个紧或松的行动，你更容易观察到。这是因为你已经对他的行动有所猜测，所以现在看到他的行动后，你会很自然地得到新的观察是在证明原来的判断是对还是错。

步骤3：增加对个别对手的解读深度

在对多个对手的解读进行足够多的练习后，可以进入到下一个练习：对对手进行更深入的解读。我们从只观察一两个对手开始。

现在试着读取关于对手的更多信息，而不是仅仅观察他是紧或松。现在你应该留意他玩得是被动还是主动。通过对手亮出的牌，你可以从中重新回忆和整理，然后标记对手是主动进攻还是消极被动，你可以简单地从他的行动中观察出他跟注、弃牌或加注的频率。很多的跟注表明玩得比较被动；很多加注和弃牌说明玩得较为积极主动。

紧凶型，松被动型等这些标记是你最主要的目标。这些标记告诉你对手总体上是怎么玩牌的！当然，对手其他方面的信息你也要标记。比如，当你在小盲位平跟时，大盲位的对手总是会加注；或者他在高盲注阶段时还会选择溜入（高盲注溜入者，HBL），这些信息你都可以标记。

步骤4：对多个对手进行深度解读

在这个练习的最后一个步骤里，你要训练观察多个对手的深度信息，这些对手的打法是松是紧，以及打法是被动还是主动，要对前面提到的5个对手都进行这样的解读，对其他对手只要做基本解读即可。

完成这些解读的练习后，你对对手如何行动就有了很有价值的观察。你会发现一些高盲溜入者，对那些松手玩家在盲注位时你要减少偷盲；如果标记为松手的玩家在你左边，他又玩得超级凶且现在是筹码领先者，那你应该尽量减少入局。当你参与高买入的单桌锦标赛牌局时，上面提到的这些解读对手的技能扮演了重要的角色，此时需要更多准确的解读。

亮牌

当你不用亮牌就能赢一个牌局时，你可以选择主动亮牌或不亮牌。

除非有很强烈的理由，否则永远不要主动亮出你的底牌。

当你亮牌时，你就给了观察力强的对手更清晰分析你打法的机会。一些牌手对此没有清醒认识，经常不必要地亮出底牌。

例如，一个按钮前位的牌手进行一个标准偷盲加注，然后你用：

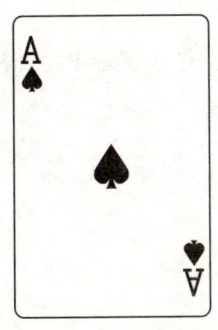 

全下，对手弃牌。如果你是在按钮位置行动的，亮牌算是个小错误。你告诉对手面对你的反偷盲，弃牌给你是对的，让他舒服一点。你下次再次反偷盲时可能会得到尊重。总体看影响不大。

但是如果你是在大盲注位置反偷盲的，亮牌是一个很大的错误。这次亮牌给对手的暗示是："我有一手好牌，所以我反抗你。但如果我拿着一手弱牌，我可能不会这么凶。"你想要让对手害怕你在盲注位置时可能的凶狠玩法，如果不是有利于实现这个目的，请绝对不要亮牌。

还有，假设你翻牌后的下注赢下了底池，如果你主动亮牌，显示你有强牌，敏锐的玩家将利用这个信息分析你翻牌前的打法。比如，你在翻牌后的争夺中赢下底池后，主动亮出你的口袋2，显示你击中了暗三条，那么所有人都知道你是如何在翻牌前玩小口袋对了。

总之，除非有充分的理由，你才考虑自愿亮牌。尽量不要主动亮牌的重要原因是不要告诉对手你是怎样打牌的。

同时玩多桌

在网络上，你可以同时玩不止一场比赛。与只参加一场比赛相比，同时打几场单桌赛的利弊是：

优点：

1. 可以同时看到很多底牌，更容易遵守纪律和玩得紧，同样的时间内有更多牌可玩。

2. 如果你是盈利的玩家，同样时间内你能赢更多。

3. 你的总体收益率会更高。

弊端：

1. 如果你是个输家，同样时间内你可能输更多（当然，你学习了这本书后，情况应该会有所改变）。

2. 如果你同时玩多桌，在某个牌局玩一手很重要的牌时，同时在其他桌的争夺会分散你的精力，降低你在这个关键牌局中进行高质量决策的能力。

3. 你几乎没有时间去分析每一张牌桌上对手的玩牌风格、可利用的漏洞牌等，从而找到最优的策略（比如发现过分的风险厌恶者或者一些很好的在按钮位加注偷盲的机会等）。

4. 有一些牌桌已经开始后，后面你很难或不可能再有精力进行牌桌选择。

要成为优秀的同时进行多桌的牌手，就要克服或部分解决上面提到的这些弊端。这需要一个过程：

一开始只玩一桌，直到你确信你已经是赢家，而且有能力解读对手且能快速自信地进行各种决策后，可以逐步增加同时玩的牌桌数。而且，我建议同时开的各桌也不要是同时开始的比赛，可以分为几个时间阶段。

比如，如果你玩的单桌锦标赛通常35分钟左右就可以结束一场，那你可以在比赛进行到20分钟后开一桌新的。这种方法可以让你同时玩两桌：一桌处于高盲注阶段，另一桌是刚开始的低盲注阶段。因为在低盲注阶段的牌桌上，你将弃掉大部分牌，这样给你足够时间关注高盲注阶段的牌桌，而在低盲注阶段的牌桌上，你仍有时间可以观察对手，这样如果你一直存活在比赛中，等到高盲注阶段时打起来就容易多了。

你可以通过这种方式开始同时玩两桌，然后发展到3桌、4桌，或更多。每增加一桌，就给你更多低买入比赛的经验，但通常同时玩的牌桌越多，你单桌的期望收益会下降，所以不能同时玩得太多，只要你感觉打得不是很舒服，就不要增加牌桌，甚至可以考虑减少。

关于同时玩多桌这个话题，还有一点可以提示。你可以不是同时玩多桌，而是改为同时多任务，这是作者更喜欢和推荐的方法。比如：先开始一个常规比赛，然后同时开始一场快速赛，由于一开始都是低盲注阶段，你可以干点别的事情，如读扑克书，做作业或吃东西。然后，将精力集中到快速赛的中高盲注阶段，顺带关注处于中低盲注阶段的慢速比赛。在快速赛结束后，再把主要精力投入到慢速赛的中高盲注阶段，同时开始一场新的比赛，这场新的比赛处于开始的低盲注阶段。

这个方法让你总是处于多任务状态，但最重要的总是处于高盲注阶段的比赛，这时你需要优先对待。

4. 线上单桌锦标赛注意事项

从 11 美元买入到 530 美元买入（或更多）的单桌赛的区别

我们问一个看上去很简单的问题：11 美元买入的单桌赛和 530 美元买入的单桌赛，牌桌上的玩家有什么不同？

回答：参加 530 美元买入比赛的玩家比 11 美元买入比赛的玩家玩得更大，这是看起来极为明显的结论。参加大买入费比赛的玩家，选择高买入比赛的原因可能有个：

1. 经过扎实稳健的大量玩牌，他战胜了各种小买入比赛的考验，积累了足够的资金，从而选择参加大买入比赛。

2. 出于盲目自信、醉酒、有钱人的放松娱乐等各种原因选择参加高买入比赛。

不管怎样，不同买入的比赛中的牌手的差别还是那些我们通常能想到的特性：玩得松还是紧，玩得有攻击性还是被动，水平高或差，没有人愿意在泡沫期被淘汰等。当然，在高买入比赛中玩得好的玩家的比例更高。

一个不断进步的稳健玩家想在德州扑克单桌赛中逐渐从低买入比赛过渡到高买入比赛，最重要的技能是选择好恰当的牌桌。因为比赛买入越高，你碰到的陌生玩家玩得好的概率越大。

牌桌选择

假设一个单桌锦标赛玩家要在 109 美元买入的两个比赛中选择一

场：如果是牌桌 A，那么会有 6 个松且被动的玩家在他右边，3 个打法紧弱的玩家在他左边。如果选择牌桌 B，会有 3 个松凶的玩家在他左边，6 个紧凶玩家在他右边。无论选择哪张比赛，虽然他自身的能力和技术不变，但不同牌桌对手的技术和位置差异对他的比赛权益影响很大。

我们做一个定量的分析。假如他是一个平均水平的玩家，因此他参加一场比赛的期望价值是 100 美元。在上面的两张牌桌上，每个牌桌的总比赛权益都是 1000 美元。

首先考虑牌桌 A。松且被动的打法总体上讲是亏钱的，所以假设这种风格的玩家的比赛权益是 90 美元。6 个这种玩家的比赛权益加起来是 540 美元，剩下的 460 美元比赛权益由剩下的 4 个玩家分享。在竞争状态不强的情况下，3 个紧手玩家又在他的左边，那他应该从 460 美元的比赛权益中获得 109 美元以上。

再考虑牌桌 B。紧凶型玩家整体上是单桌赛的赢家，所以假设每一个这种风格的牌手的比赛权益是 110 美元（考虑到这张牌桌的整体竞争很激烈，这里假设紧凶型牌手的比赛权益高得不多，如果牌桌上有更多弱的玩家，他们的比赛权益会更大）。这样只有 340 美元比赛权益属于剩下的 4 个玩家，考虑到这张牌桌的对手都不好对付，以及位置上的劣势，在 340 美元中，他的比赛权益可能少于 109 美元。

因此，牌桌选择是决定一个牌手长期投资回报水平的重要因素，其影响程度不可忽略。在确定选择哪张牌桌参赛时，有以下三个基本原则：

1. 牌桌上风格松且被动的对手越多越好。因为松且被动的玩家整体是输家，他们减少的比赛权益会由其他牌手分享，如上面的例子所示。所以牌桌上松且被动的玩家越多，打法稳健、进攻性强的玩家越少，你的比赛权益就越高。松凶和紧被动型玩家在的话还算可以，但最好他们不是分别紧挨着坐在你左边和右手边。

2. **避免在有多个水平高的单桌赛赢家的牌桌上比赛**。尽量避免紧凶型玩家在你右边（如果可以选座的话）。牌桌上的锦标赛赢家越多，留给其他人的比赛权益就越少。而且，紧凶玩家在你右边会很讨厌，与其他被动型对手相比，他们在接近奖励圈时会经常对你偷盲。

3. **如果可以选，让紧的对手在你左边，松的对手在你右边**。这是因为你下注或加注后，紧的玩家只有拿着更好的牌才会进入牌局，而松的玩家在你右边，他做出行动后，你才考虑是否跟他竞争。这个相对位置的优势在高盲注阶段特别重要。如果松的玩家在你左边，当你偷盲或在泡沫期凶狠地全下时，松的玩家更喜欢跟注和你拼运气，你被跟注的可能性更大。

前面建议你不要一开始同时玩多桌，这里提到的选择牌桌的重要性也是重要原因。要按以上原则选出增加比赛权益的牌桌，如果你同时玩3张桌子或更多，那很难选好。你已经在牌桌上比赛了，几乎没时间仔细地解读新桌子的对手风格和相对位置。

有意识地选择合适的牌桌参赛，可能导致你参加的比赛数量减少，但会显著提高你的比赛收益。特别是在 55 美元及以上的中高买入的比赛中，花时间评估评估牌桌并有选择地参加，至少保证你不处于劣势，是让你长期盈利的关键因素之一。

单桌锦标赛的资金管理

如果要以单桌锦标赛作为职业，那么和其他创业很像，都从自己初始的少量资金开始。比如，你存2500美元在网络扑克平台。你用这些资金的一小部分反复参加较小买入的单桌锦标赛。如果你的资金是 2500 美元，然后你玩 55 美元买入的比赛，相当于你拿出总资金 2500 的 2%（考虑到平台收取的费用，略低于 2%）反复做商业投资。

投资要有正的期望回报率才能持续下去。如果你的比赛期望收益率是正的，那么只要持续下去，概率计算表明你会赚到钱。赚到钱后，你可以取出盈利，也可以继续增加投资。比如，你一开始玩 22 美元买入的单桌锦标赛，一段时间后，你从初始的 1000 美元赢到 1500 美元，你可以拿出 500 美元利润，用于其他消费，如给自己的电脑升级，然后继续玩现在这个级别；你也可以不取出盈利，而是开始玩 33 美元买入的比赛。

你不应该盲目冒险，让自己破产，但在有了足够资金积累以后，也不要一直原地踏步。你应该考虑如何根据资金实力选择合适的比赛级别。更直接的问题：你参加的比赛买入应该占总可用资金（Bank Roll）的多少比例？从而使得即使在下风期，你也有足够的机会避免破产？

传统的说法是总可用资金应该至少是比赛买入金额的 50 倍，你每次只能用不超过 2% 的资金参加比赛。比如，报名参加 55 美元比赛时你应该至少有 2500 美元的总资金。

当然，维持多少总可用资金和参加多大买入金额的比赛都是个人决策。作为单桌锦标赛爱好者，你可以选择从 25 美元买入开始。以初期的小投资开始，如果竞争很弱且运气不错，你可能资金上升得很快，但弊端在于你要承担破产的风险，因为就算很厉害的玩家，也可能因为运气等因素，在 25 美元买入内持续亏损而破产。这种情况下，一旦出现不利情况，你要及时下调比赛的买入金额，避免很快把初始资金全部耗尽。

如果初始参加的比赛买入金额是总可用资金的 1%，那么可能一开始参加的比赛是一些小买入的比赛，与你心里想参加的比赛会有些差距，但这样的好处是你不用担心短期波动或持续的差运气给你造成的影响，较大程度降低了资金破产风险。

我建议最少坚持 50 个买入的原则，特别是对你来说如果初始买入资金算的上是一大笔钱的时候。从心理学上来讲，只有当一场比赛的买入金额不超过你总资金 2% 的时候，你才基本没有受资金产生的心理波动影响。对一个以德州扑克单桌赛当作资产投资的牌手来说，应该严格遵循这些原则。

5. 单桌锦标赛中的心理学

决策过程中的心理因素

扑克是决策的游戏。你不断地在决定过牌、弃牌跟注还是加注，有时决策可能很艰难。这里提供三个基本原则帮助大家决策。

首先，可供你思考如何决策的时间是有限的。大部分决策是很快的，不用多思考，比如在枪口位置弃掉：

但如果有些决策不是靠直觉就可以轻松想清楚，还是要尽量多花些可用的时间，在充分计算或思考后再决策。

比如，假设盲注是200～400，你是大盲，你有1400筹码，拿着一手很弱的牌，按钮前位的900筹码加注全下，所有人弃牌。这看起来是很简单的决策，但实际上你需要花时间考虑底池赔率，以及如果这手牌弃掉后后面的局势如何等，因此对于是弃牌还是跟注，还是要尽量多花一些时间思考。

当你不是非常明确该如何决策时，不管影响的筹码多少，都要尽量多花一些时间决策，想清楚再行动。

在盲注很小的比赛早期（大致上就是前三个级别），弃掉一手本来应该玩的牌不是什么大错误。但是，在低盲注阶段错误地卷入到大底池中却是很大的错误。因此，在低盲注阶段，当面临难以决策的不确定状况时，你可以保守点，哪怕是犯了个小错误，可以考虑弃牌，尤其在你决策时底池还很小的时候。

在低盲注阶段，当面临难以决策的不确定状况，要倾向于过牌／弃牌，或直接不玩这手牌。

与高盲注阶段相对应的决策原则正好相反。如果比赛是高盲注阶段且（或）你是短筹码，当面临难以决策的不确定状况，你应该倾向于继续玩下去。你要绝对避免被盲注吞噬，因此你不能承受把一个不错的机会白白错过的损失。因此，当你不确定该怎么办时，就继续参与或进攻底池。特别当你的筹码在3到8倍大盲且是一个主动进攻者时。

在高盲注阶段，当面临难以决策的不确定状况，应该倾向于下注或加注，或主动进攻地去玩这手牌。

要提前想好下一个行动

在玩德州扑克进行决策时，在行动前，你要想好你的这个行动后，对手可能会如何应对你的行动，而你相应的行动是怎样，以及到了转牌又该如何行动。如果你没有想清楚，最好不要轻举妄动。

举个例子，如果你加注，那么对手再加注的话你如何应对？再比如，如果你在小盲位，考虑用一手还凑合的牌加注偷盲。如果对手是被动型玩家，当他对你再加注时，你可以很轻松地弃牌，你知道对手应该拿着很不错的牌。如果大盲玩得超级凶而且比你筹码多，你将面临决策的困境：你的牌还不错，底池赔率也很好，面对一个可能拿任意牌再加注的对手，你真的愿意拿整个比赛权益为赌注去冒这个险吗？如果你不知道如何应对，选择另一种玩法可能更好（比如弃牌或主动加注全下）。因此，一定要提前想好现在的行动会引起的接下来的变化，而自己未来会如何应对，以及这些变化对自己整个锦标赛进程的影响。

牌例 4-4

盲注：50～100，8个玩家。

你的牌：你（1100）在按钮位置拿着 4♠4♣。小盲（1800）是松凶型玩家，大盲（1400）是紧凶型玩家。

到你：所有人都弃牌。

问题：你是否应该做一个标准的加注到 300 的偷盲？

回答：不应该。首先考虑对手可能如何面对你的加注？应该是弃牌或再加注。如果其中一个盲注再加注，马上要面临的是和一个筹码比你多的进攻型玩家比拼运气，你处于很糟糕的处境。考虑到底池赔率，很可能会强迫你自己跟注，然后拿着小口袋对碰运气，要么你处于抛硬币的局面，要么你面临比你大的口袋对，你只有 25% 的获胜概率。

在这个情形下，弃牌是比加注更好的玩法，简单加注全下也许是最好的玩法。总之，这里加注偷盲不是好的决策。

在单桌锦标赛中，在行动之前还要考虑比赛的整体形势，特别是你应该大致计算一下，等下次大盲轮到你时，你还剩下多少筹码，进而考虑当前行动的迫切性和必要性。

牌例 4-5

盲注：100~200，6 个玩家。

你的牌：你有 1500 筹码，在 UTG+1 位置拿着 K♠8♠。

到你：前面的玩家弃牌。

问题：你如何行动？

回答：这取决于当时的比赛形势。如果再过 30 秒就要升盲到 200~400 级别，那你这里应该全下。如果你弃牌，再过一把牌你就是大盲，然后就是小盲，这样后面你就只剩下 900 筹码，偷盲都做不到了。因此，你这里需要行动，直接全下，要么直接拿下底池，要么和其他人拼运气，只要对手不是超强牌，你的 K♠8♠ 不会落后很多，这比后面马上要被盲注吞噬强得多。

但如果你估计在升盲之前你应该还可以玩 9 手牌，那你在这里应该弃牌，等待更好的机会再行动。现在盲注是 100～200，再一轮盲注后，筹码从 1500 减少到 1200，拿着 1200 的筹码，还是有不错的偷盲成功概率。如果现在全下偷盲，即使成功，筹码从 1500 增加到 1800，当然很不错，但因为现在没有盲注吞噬的压力，这点筹码的增长与可能的被跟注后的淘汰出局相比，现在还没有必要冒这个险。

  是否拿边缘牌去冒险，取决于你采取这个行动的紧迫程度，以及采取行动或不采取行动的后果。如果你很快就要被盲注吞噬，那就要拿边缘牌偷盲，没到这种紧迫程度时通常应该弃牌。面对短筹码的全下，你在大盲位，有不错的底池赔率，是否应该跟注应该考虑跟注后对你的影响。如果输了后你的筹码还可以继续在比赛中正常竞争，就可以跟注，但如果跟注输了后会让你的筹码严重受损，后面很难存活下去了，就可以考虑弃牌。

在行动前一定要认真考虑当前行动对你整个锦标赛进程的影响。

附录 A　起手牌概率

本附录讨论德州扑克中关于一些常用到的起手牌的概率问题。

德州扑克的起手牌一共有 1326 种，每一个口袋对有 6 种组合形式。比如口袋对 A 的 6 种情况是：

A♥A♦，　A♥A♠，　A♥A♣，　A♦A♠，　A♦A♣，　A♠A♣

同样大小的两高张，一共有 16 种组合，其中包括 12 种不同花组合和 4 种同花组合，比如，一共有 16 种 AK，其中 4 种是同花的 AK（比如 A♦K♦），12 种不同花 AK（比如 A♠K♣）。

拿到口袋对的概率

● 拿到口袋对的概率是多少？ 5.9%。

$$\frac{78}{1326} \approx 0.059$$

78 是所有口袋对的总数量，1326 是起手牌的总数量。

因此，拿到口袋对的概率大约是 $\frac{1}{17}$，或 16∶1。

● 得到具体指定的口袋对的概率是？ 0.45%。
● 翻牌击中暗三条（或更好的牌）的概率是？ 11.8%。
● 河牌出现后形成暗三条（或更好的牌）的概率是？ 19%。

关于非口袋对的概率

- 拿到特定大小的一手牌的概率？1.2%。
- 翻牌击中对子或更好牌型（至少要用到1张起手牌）的概率？32.4%。
- 翻牌击中两对（两张起手牌都用到）的概率？2%。
- 翻牌击中天同花的概率？0.8%。
- 起手牌是同花，翻牌听同花的概率？0.9%。
- 你没有拿着A，但翻牌发出A的概率？22.6%。
- 你没有拿着A，但到河牌阶段牌面有A的概率？35.3%。
- 你拿着A时，翻牌发出A的概率？17.2%。
- 你拿着A时，到河牌阶段牌面有A的概率？27.6%。

附录 B 应全下的起手牌范围

正文中已经多处讨论过，在高盲注阶段，影响你应该全下或弃牌（或其他打法）的因素有很多。本附录考虑一些特定情形下应该考虑全下的起手牌范围，供读者参考。假设现在比赛中还有多个玩家，你的筹码量分别是 3 倍大盲、5 倍大盲、7 倍大盲注和 10 倍大盲等不同筹码水平时，分别在小盲位、按钮位、按钮前位、后面还有多个对手时，拿着什么样的牌应该全下？注意，下面的表格只是一个粗略的建议范围，在现实比赛中你还要考虑比赛买入、玩家的玩牌经验，以及软件分析数据（如果你可以用到的话）。

有 3BB 筹码时在不同位置应该考虑全下的起手牌

位置	可以全下的起手牌
小盲	有一牌比 10 大，54s+，64s+，两张牌都不小于 7
按钮位	有一牌比 10 大且为同花牌，两张牌都不小于 9，64s+，96s+
按钮前位	任何口袋对，带 A 或 K 的牌，两张牌都不小于 T，54s+，64s+，96s+
后面还有多个玩家	任何对子，任何同花的 A 或 K，两张牌都比 T 大，54+

有 5BB 筹码时在不同位置应该考虑全下的起手牌

位置	可以全下的起手牌
小盲	98o+，86s+，54s+，J5o+
按钮位	任何口袋对，任何带 A 或 K 的牌，Q4s+，Q8o+，JTo+，J8s+
按钮前位	所有口袋对，任何带 A 的牌，KXs，54s+，86s+，K8o+，Q6s+，任何两张不小于 10 的牌
后面还有多个玩家	任何口袋对子，AXs，A8o+，任何两张不小于 T 的同花牌，AK，AQ，KQ，KJ，54s+

有 7BB 筹码时在不同位置应该考虑全下的起手牌

位置	可以全下的起手牌
小盲	任何口袋对，任何有 A 或 K 的牌，同花牌且有一张比 T 大，T9o，54s+，64s+
按钮位	任何口袋对，任何有 A 的牌，KXS，QT+，54s+
按钮前位	54s+，22+，A6o+，A2s+，K8o+，K4s+，任何两张比 T 大的牌，任何两张都不小于 T 的同花牌，T8s+，QTo
后面还有多个玩家	77+，98s+，A6s+，ATo+，任何两张都不小于 T 的同花牌，KQ

有 10BB 筹码时在不同位置应该考虑全下的起手牌

位置	可以全下的起手牌
小盲	任何口袋对，所有带 A 或 K 的牌，Q4s+，Q8o+，JTo+，J8s+
按钮位	任何口袋对，任何带 A 的牌，KTo+，K8s+，QTs+
按钮前位	77+，两张牌都大于 T 的同花牌，A8o+，A6s+，KTs
后面还有多个玩家	当你后面有 3 个人或以上，筹码 10BB 或以上时，不要直接全下（如果你的牌值得玩，通常做小的加注更好）

附录C　听牌的概率

在翻牌或转牌阶段决定如何行动时，知道你的牌在后面得到提升的可能性是多少极为重要。本附录提供了一张这方面信息的表格，你参加比赛的时候应该放在身边，直到你已经熟记于心，或者能近似算出来。首先大家要记住下面的"2-4法则"（详细介绍可参考《哈林顿在现金桌：如何玩好无限注德州扑克》第一卷）：

牌力在转牌得到提升的概率近似等于你的补牌数量乘以2；

牌力在转牌和河牌得到提升的概率近似等于你的补牌数量乘以4。

如果公共牌现在都是低牌，你拿着一张A，注意有三张A能提升你的牌力，而不是一张，这是因为外面还有三张A。然而，在你根据补牌数量决定跟注之前，确保满足以下三个条件：

1. 你的跟注会结束本轮行动。如果当你做完决定后，还有其他可以行动的对手，要意识到这些玩家可能加注，使你继续玩下去的成本大幅提高，或不得不弃牌。

2. 如果发出你认为的补牌，你的牌力提升后不要成为第二好的牌。例如，你拿着A而翻牌是三张小牌，这时认为A是补牌而去跟注就不好，如果对手已经是暗三条了，发出A只会让你输更多。随着历练的增加，你应该培养敏锐的读牌技术，逐步明白应该去为什么样的听牌去跟注（通常是可能形成坚果的牌），有些听牌要果断放弃。

3. 某些情况下要考虑加注而不是跟注。 假设你行动后就结束了本轮行动，你认为自己在听最好的牌，此时跟注的赔率也很合适。要注意，在这种情况下，有时你应该选择加注！当你在听强牌时，一个加注让你有机会立刻赢下底池，或者后面击中听牌，赢下一个更大的底池。比如，如果你拿着5♦4♦，翻牌是J♥3♦2♦，只有一个对手，他领先下注，你应该充分考虑进行加注。

以下我们假设基于底池赔率，你的决策是跟注或弃牌，熟记下面的这些听牌的发出概率就变得非常重要。

听牌类型	听牌数量	发一张牌时（转牌）听到的概率	发一张牌时听到的赔率（获胜赔率）	发两张牌时（转牌与河牌）听到的概率	发两张牌时（转牌与河牌）听到的概率
三条－四条	1	2.2	45.5	4.3	4.3
口袋对－暗三条	2	4.3	22.3	8.4	10.9
一张高牌－超对	3	6.5	14.5	12.5	7.0
卡顺听牌－顺子	4	8.6	10.6	16.5	5.1
一对－两对或明三	5	10.8	8.3	20.4	3.9
两高张－一超对	6	12.9	6.8	24.1	3.1
卡顺听牌+1高张－顺子或超对	7	15.1	5.6	27.8	2.6

听牌类型	听牌数量	发一张牌时（转牌）听到的概率	发一张牌时听到的赔率（获胜赔率）	发两张牌时（转牌与河牌）听到的概率	发两张牌时（转牌与河牌）听到的概率
两头顺子听牌 – 顺子	8	17.2	4.8	31.5	2.2
四张同花 – 同花	9	19.4	4.2	35.0	1.9
卡顺听牌 +2 高张 – 顺子或超对	10	21.5	3.7	38.4	1.6
两头顺子听牌 +1 高张 – 顺子或超对	11	23.7	3.2	41.7	1.4
同花听牌 + 卡顺听牌 – 同花或顺子	12	25.8	2.9	45.0	1.2
两头顺子听牌 + 对 – 顺子或两对或明三	13	28.0	2.6	48.1	1.1
同花听牌 + 对 – 同花或两对或三条	14	30.1	2.3	51.2	1.0
同花听牌 + 两头顺子听牌 – 同花或顺子	15	32.3	2.1	54.1	0.8

附录 D　翻牌前全下时不同起手牌的获胜概率

人们通常说的因运气而被击败（Bad beat），其实很多领先者的优势不是他想象的那么大，也称不上 Bad beat。一般来说，赔率比 2∶1 还差很困难（即 3 次赢 1 次）。实际上，大部分情况下，落后一方的获胜赔率很少比 2∶1 还差（3 次中有 1 次获胜）。要想让落后方的获胜概率比 2∶1 还差，就意味着是超对对抗两张低牌。最后，要记住同花牌或连张牌也会让你获胜的概率显著增加。

翻牌前全下的对抗	举例	胜率
两高牌 对抗两低牌	AK vs 72 AK vs 54s	68∶32 59∶41
一高牌一低牌 对抗两张中间牌	A5 vs K8 A5 vs T9	60∶40 55∶45
交叉牌的对抗	A6 vs Q2 A6 vs Q2s	64∶36 60∶40
小口袋对 对抗两高牌	22 vs J5 22 vs T9s	53∶47 46∶54
口袋对 对抗一张高牌	66 vs K6 66 vs K5	69∶31 70∶30
口袋对 对抗两低牌	KK vs Q6 KK vs 54s	88∶12 77∶23
大口袋对 对抗小口袋对	KK vs 33	81∶19

附录 E 你的牌对抗随机起手牌的胜率

随机起手牌是指,在已经知道你手中的牌的情况下,从剩下的 1325 种起手牌随机挑出的起手牌。

利用计算机软件,我们可以模拟推算出不同手牌对抗随机起手牌的胜率。

手牌	赢随机起手牌的赔率(%)
72o	35:65
AA	85:15
22	51:49
54s	41:49
QT	57:43
J5	47:53
98o	48:52

附录 F 最后的牌例：泡沫期短筹码打法

在本书的最后，我们通过一个真实的比赛进程展示单桌锦标赛泡沫阶段的打法。这是一个在扑克之星（Pokerstars）上 114 美元买入的 5 分钟升盲的快速单桌锦标赛。比赛已经进行了 60 手牌，场上还剩下四名玩家：

1. Jimmy：有 6000 筹码，目前是筹码领先者，没有可描述的风格。

2. Todd：筹码第二，有 4000 筹码。紧凶风格。

3. Ox：筹码第三，有 2200 筹码，高水平牌手。

4. Hero：短筹码，1400 筹码。紧凶形象。

现在我们假设自己是玩家 Hero，继续这场比赛，现在已经处于泡沫期，盲注为 100 ~ 200，底注 25，下一手牌就会涨到盲注 200 ~ 400，底注 25。注意，这时 Hero 不应该关注自己手里的两张牌，而是要分析当前一些其他同样重要的因素，这些因素在决策过程中与手里的牌同样重要，你应该养成在牌发下来之前，梳理一下当前需要关注的重要因素的习惯。

第 1 手牌

玩家

1. Todd 在枪口位，有 3985 筹码。

2. Hero 在按钮位，有 1355 筹码。

3. Jimmy 在小盲位，5865 筹码。

4. Ox 在大盲位，1995 筹码。

（与前面描述牌例一样，我们对玩家筹码量的描述都是他放了底注和盲注后的筹码量。）

讨论：Hero 在按钮位，仅剩 1355 筹码。下一手盲注会涨到 200～400，加上底注 25，初始底池是 400。现在，大盲位的 Ox 在投入盲注后，筹码少于 2000 了。因此，现在的情况对于 Hero 来说，是很好的全下抢盲的机会，除非 Todd 领先打开底池，否则 Hero 是什么牌都无关紧要，应该全下抢盲（请参见"第三部分：高盲注阶段的玩法"中"如何避免被盲注吞噬"）

行动：Todd 弃牌。Hero 拿着 Q♣7♠ 兴奋地全下。大小盲都弃牌。现在，盲注涨到 200～400，底注 25。

第 2 手牌

玩家

1. Hero 在 UTG，1970 筹码。

2. Jimmy 在按钮位，5840 筹码。

3. Ox 在小盲位，1770 筹码。

4. Todd 在大盲位，3560 筹码。

讨论：Hero 在枪口，有 1730 筹码。初始底池是 700 筹码，下一手牌就轮到 Hero 当大盲，与其下一把被盲注吞噬，不如这一把牌拿着任何两张牌全下。因此，我们的计划是拿着任何牌都直接全下。

行动：我们这样做了，结果每个人都弃牌。我们注意到，实际上我们拿着 A♥J♣。在得到这 700 筹码后，现在至少在下一个轮次里我们是安全的。

这一手牌和之前的第一手牌，都是实践了之前讨论过的在一定筹码量和牌局环境下要盲推全下（一种半诈唬的行为）。当你闭着眼全下时，很多时候所有人都会弃牌，如果你被跟注，你的牌有可能还是领先的，至少还有不少补牌。

第 3 手牌

玩家

1. Jimmy 在 UTG，5815 筹码。

2. Ox 按钮位，1745 筹码。

3. Todd 在小盲位，3335 筹码。

4. Hero 在大盲位，2005 筹码。

讨论：现在我们在大盲位，投入盲注后还有 2005 筹码。我们拿到了 3♦2♣，如果每个人弃牌，那很好；否则，我们不能用垃圾牌投入我们大部分或全部筹码。

行动：Jimmy 在枪口位全下，作为泡沫期的筹码领先者，他这么做的手牌范围应该会很宽。但我们只有弃牌。

第 4 手牌

玩家

1. Ox 在 UTG，1720 筹码。

2. Todd 在按钮位，3310 筹码。

3. Hero 在小盲位，1780 筹码。

4. Jimmy 在大盲位，6090 筹码。

讨论：现在我们在小盲位。投入盲注后，还有 1780 筹码。因为 Jimmy 可能用很宽范围的手牌去跟注，我们只有拿着很不错的牌时才能去偷盲。

行动：Ox 在枪口位全下了他的 1720 筹码。我们需要非常强的牌才能跟注。哎！拿到了 T♣4♥，太差，我们弃牌。

第 5 手牌

玩家

1. Todd 在 UTG，3285 筹码。
2. Hero 在按钮位，1755 筹码。
3. Jimmy 在小盲位，5865 筹码。
4. Ox 在大盲位，1995 筹码。

讨论：好消息是：我们度过了盲注位；坏消息是：只有 4 倍大盲的筹码，我们必须在接下来的两手牌里至少全下一次，否则我们将被盲注吞噬。

如果 Todd 在枪口弃牌，只要我们拿着不是垃圾牌，就会全下，因为大盲位的 Ox 是短筹码，他也不想泡沫出局。如果 Todd 全下，除非我们拿到超强牌，否则只有弃掉，并在第 6 手牌时盲推全下。

行动：Todd 弃牌了。我们的牌是 7♠7♥。这里，连 7♠6♥ 这种弱边缘牌都值得我们全下，拿到中间大小的口袋对，我们当然会很高兴地全下。结果大小盲都弃牌，我们获得 700 筹码。

第 6 手牌

玩家

1. Hero 在 UTG，2430 筹码。
2. Jimmy 在按钮位，5840 筹码。
3. Ox 在小盲位，1770 筹码。

4. Todd 在大盲位，2860 筹码。

讨论：拿着 6 倍大盲的筹码，底注相对较低，我们也可以接受一直弃牌到下一次当盲注。但是，因为 Jimmy 看起来没有好牌不会跟注我们的全下，而大盲位如果和我们拼，我们的筹码足以将其打残，因此对方不会轻易跟注，考虑到这些因素，我们还是要充分利用泡沫期对手的被动性，尽最大可能积累筹码。因此，只要拿着还凑合的牌，我们都准备全下，例如 Q♥6♥，2♣2♠，9♦8♦，K♣5♦ 等这样的牌。

行动：牌发下来了，我们拿到 J♦7♦，因为这手牌是同花，有较弱的相连，也有一张中高牌，现在的情况足以全下了。我们全下，结果所有人都弃牌，我们的半诈唬获得了成功。我们又获得了 700 筹码，这是一个很棒的结果，通过高盲注阶段的侵略性玩法，我们在严峻的形式下赢得了生存空间。

第 7 手牌

玩家

1. Jimmy 在 UTG，5815 筹码。

2. Ox 在按钮位，1745 筹码。

3. Todd 在小盲位，2635 筹码。

4. Hero 在大盲位，2705 筹码。

讨论：我们现在筹码第二，在大盲位。如果 Jimmy 或 Todd 全下，我们需要拿着非常强的牌才跟注。同样，要拿着相当强的牌才能跟注短筹码 Ox 的全下。

行动：全部弃牌到小盲位的 Todd，Todd 全下。我们拿着 Q♦8♦，虽然有可能领先于 Todd 的牌，但这个牌力还是太弱了，不能去赌，我们弃牌。

第 8 手牌

玩家

1. 0x 在 UTG，1720 筹码。

2. Todd 在按钮位，3310 筹码。

3. Hero 在小盲位，2480 筹码。

4. Jimmy 在大盲位，5390 筹码。

讨论：如果前面都弃牌，我们需要一个中等强度的牌去全下我们的 2680 筹码，因为面对的大盲是筹码领先者。如果前面有人全下了，那必须要拿到很强的牌才能跟注。

行动：0x 和 Todd 弃牌，我们看到我们拿到的牌是 8♣8♥，任何带 A 牌和口袋对在这里都足够全下，我们再次全下。Jimmy 弃牌。

第 9 手牌

玩家

1. Todd 在 UTG，3285 筹码。

2. Hero 在按钮位，3155 筹码。

3. Jimmy 在小盲位，5165 筹码。

4. 0x 在大盲位，1295 筹码。

讨论：现在的情况是 0x 可能成为泡沫。因为我们的筹码已经大到足以给任何对手毁灭性打击，如果 Todd 在 UTG 弃牌，我们会放宽全下的手牌范围。但这里还有一个问题：0x 的筹码太短！在投入盲注后，他仅有大约 3 倍大盲的筹码，已经快被盲注吞噬完了，因此他可能拿着弱牌也绝望地跟注。这明显降低了我们弃牌收益，因此即使我们有机会领先全下，也需要一手比通常情况更强的牌来偷盲。

行动：我们拿到 8♣2♥，Todd 弃牌，我们也弃牌。Jimmy 也弃牌，大盲 0x 在没有争夺的情况下拿下底池。

第 10 手牌

玩家

1. Hero 在 UTG，3130 筹码。

2. Jimmy 在按钮位，5140 筹码。

3. 0x 在小盲位，1770 筹码。

4. Todd 在大盲位，2860 筹码。

讨论：我们介绍过在泡沫期要尽量主动进攻，这里我们会用相当宽的范围全下，因为盲注位需要一个真正的好牌才能跟注，而筹码领先者 Jimmy 最近已经显示出不愿进池的被动打法特征。

行动：我们拿到 A♠6♥，在 4 个牌手的短桌中，A 带小牌好到足以全下。我们加注全下，所有人都弃牌。

第 11 手牌

玩家

1. Jimmy 在 UTG，5115 筹码。

2. Ox 在按钮位，1745 筹码。

3. Todd 在小盲位，2635 筹码。

4. Hero 在大盲位，3405 筹码。

讨论：在放完盲注后，我们还有 8 到 9 倍大盲的筹码，形势看起来还不错。如果 Jimmy 或 Todd 全下，除非拿到超强牌，否则我们都不得不弃牌（尤其是对抗 Jimmy 的全下时，因为与 Todd 对抗失败的话，我们还能剩下一点筹码）。如果 0x 全下，我们则需要认真评估决策。

行动：我们拿到T♠5♥，Jimmy弃牌，Ox全下1745筹码。Todd弃牌。

讨论：我们来分析一下是否应该跟注。底池现在是1745（Ox全下的筹码）+700（初始底池），一共是2450筹码，我们需要花费1345筹码来跟注，因此底池赔率略差于2∶1，我们拿着T高牌，这时跟注是否是正cEV值得商榷，我们不想在我们的筹码还很健康时去冒险。

行动：我们弃牌，Ox拿下底池。

第12手牌

玩家

1. Ox在UTG，2420筹码。
2. Todd在按钮位，2610筹码。
3. Hero在小盲位，2980筹码。
4. Jimmy在大盲位，4690筹码。

讨论：筹码变得更均匀，Jimmy的被动打法使他慢慢地在消耗自己的筹码，领先地位已经不太牢固。在高盲注阶段的泡沫期，当你处于筹码领先位置时，一定要尽量主动出击，凶狠地掠夺筹码。Jimmy错过了一些好的机会，而作为筹码第二的我们，很愿意看到筹码领先者表现出的胆怯，给我们很好的反超机会。

现在，如果Ox或Todd加注，我们必须弃掉不是超强的牌。否则，如果他们弃牌，我们将用很宽范围的牌全下，力争从Jimmy那里拿下底池中的700筹码。

行动：我们拿到K♠6♠。一个同花K牌足以偷盲，但Todd在前面率先全下了，他的筹码和我们相差不大，我们只有弃牌。Jimmy也弃牌了。

第 13 手牌

玩家

1. Todd 在 UTG，3285 筹码。

2. Hero 在按钮位，3155 筹码。

3. Jimmy 在小盲位，4465 筹码。

4. Ox 在大盲位，1995 筹码。

讨论：目前情况下，如果我们全下加注，甚至筹码再少一点，基本不会有人跟注。基于这种观察，如果 Todd 弃牌，我们只要拿着还算凑合的牌，就会在按钮位全下。

行动：Todd 弃牌。但我们的牌是 T♣3♥，太差了，我们弃牌。

讨论：当面对两个对手且其中一个是筹码领先者时，我们还有 7 倍大盲的筹码，T 高牌太弱了。因为我们拿着垃圾牌，后面还有两个可以行动的玩家，其中一个筹码还比我们深。而且，我们的筹码量没有到逼迫我们必须立刻采取行动的时候。

行动：我们弃牌后，Jimmy 全下，Ox 弃牌。

第 14 手牌

玩家

1. Hero 在 UTG，3130 筹码。

2. Jimmy 在按钮位，5140 筹码。

3. Ox 在小盲位，1770 筹码。

4. Todd 在大盲位，2860 筹码。

讨论：盲注很快要涨到 300～600 了，牌桌上其他玩家都玩得比较被动。我们会再次用很宽范围的牌全下。

行动：我们拿到 9♥4♦，太弱了，不能玩。因此我们弃牌。Jimmy 全下。可能他终于意识到要充分利用筹码领先者的优势，或者可能他恰好拿到了好牌，但我们必须注意到 Jimmy 的变化。大小盲弃牌。

现在盲注涨到 300 ~ 600，底注 50。

第 15 手牌

玩家

1. Jimmy 在 UTG，5815 筹码。

2. 0x 在按钮位，1745 筹码。

3. Todd 在小盲位，2535 筹码。

4. Hero 在大盲位，2505 筹码。

讨论：形势和第 11 手牌相似。我们希望每个人弃牌。如果不是，有人全下时，我们大部分情况下会弃牌。

行动：我们拿到 K♣8♥。Jimmy 弃牌（在这种情况下，无论他拿着什么牌，弃牌都是一个错误），0x 全下 1745 筹码，Todd 弃牌。我们跟注。

讨论：我们选择跟注有以下几个原因。首先看底池赔率。初始底池是 1100，0x 全下后投入 1745，因此底池赔率是 2845 : 1145，好于 2 : 1。

第二，考虑对手的起手牌范围。因为 0x 是一个水平较高的玩家，他知道他必须用很宽范围的牌在这里全下，因为他已经处于被盲注吞噬的边缘了。综合而言，面对好于 2 : 1 的底池赔率，考虑到 0x 的手牌范围，我们的 K 高牌至少不落后。此外，如果跟注并输掉了，我们还留在比赛中，但弃牌则让我们只剩下 4 倍大盲的筹码，那样的话，很快我们就面临无论如何都要行动的被动局面。综合考虑以上因素，尽管现在是做一个被动的跟注者，也应该争夺这个底池了。

行动：0x 的牌是 4♣3♣，一个显然处于落后的起手牌。对 0x 来说，拿着同花连牌，且无论如何需要有所行动了，他在这里全下是对的。

公共牌是：T♦9♠8♠7♥7♠。一个很棒的结果。

讨论：我们的对手现在看到，我们在泡沫期用 K 高牌跟注全下，进行大盲注的防御。更重要的是，在接下来的高盲注阶段，我们可以用增加的筹码量充分进攻，保持对牌桌的统治力。

第 16 手牌

玩家

1. Todd 在按钮位，2485 筹码。
2. Hero 在小盲位，4950 筹码。
3. Jimmy 在大盲位，5165 筹码。

讨论：现在到了三人竞技的阶段，我们放入盲注还有 5000 左右的筹码。现在大家都已经进入奖励圈，全下和跟注可能更频繁地发生，因此我们必须认真对待每一个决策，认真评估我们的手牌和筹码量，以及对手的手牌范围、底池赔率等等。

如果 Todd 弃牌，我们应该用比较宽的范围全下来对抗 Jimmy，因为他的筹码是 Todd 的两倍多，他肯定不想让 Todd 溜进来当第二名。

行动：我们拿到 K♠9♠，一手好到足以在小盲位全下的的牌。但 Todd 却已经主动全下了 2485 的筹码。

问题：我们应该弃牌、跟注还是加注？

回答：首先，注意这里跟注不是我们的选项。这是因为如果 Jimmy 在后面加注全下，我们会因为已经粘池而必须跟注，因此我们应该主动全下。如果 Jimmy 原本打算平跟 Todd 的全下，那么我们主动加注而不是跟注也增加了我们的权益，因为底池中的 1050 的准死筹码钱非常巨大，我们必须尽最大可能保护我们的那一部分，最大化筹码期望收益。

实际上，再加注全下确实是最好的行动。假设 Jimmy 弃牌（Jimmy 弃牌的可能性非常高，面对一个全下和另一个再加注全下，除非他拿着超强牌，否则肯定是弃牌），底池筹码是 2485+1050，大约是 3600，你要花费大约 2200 筹码跟注，底池赔率好于 3∶2，你拿着同花 K 高牌，相比于 Todd 全下的手牌范围，很有可能领先，这手牌应该玩。

行动：我们再加注全下。Jimmy 弃牌。Todd 拿着 2♠2♣。公共牌发出：K♣Q♥J♣6♥4♥。我们赢了。比赛进入单挑。

最后再注意一点，如果 Jimmy 刚才恰好拿着超强牌而跟注，除非 Todd 幸运地 Bad Beat Jimmy 赢下主池，同时我们也输给 Jimmy 而失去边池，这时我们会排名第三，否则我们的成绩至少是第二名。

第 17 手牌

玩家

1. Hero 在按钮位，8085 筹码。
2. Jimmy 在大盲位，4515 筹码。

讨论：现在是单挑，因为 Jimmy 的筹码比我们短，因此他的筹码量是比赛的有效筹码。因此拿着任何还值得玩的牌，即一些高牌组合，同花牌，或者有一连接性的牌都应该全下。真的，闭着眼推任何两张牌的策略在这里也是不错的策略。

行动：我们拿到 Q♠3♠。同花的 Q 高牌是值得玩的牌，因此我们全下。Jimmy 跟注，亮出 A♠J♣。

讨论：尽管碰到了 Jimmy 的超强牌，但我们的主动全下仍是正确的。尽管落后，但我们的同色 Q 高牌还是有 40% 的获胜机会。

行动：公共牌是：K♥4♥4♦3♦2♠，我们幸运地击中了最小的对子，获得了这场比赛的冠军。

在这个附录中，我们分析了高盲注阶段的攻击性玩法和其他单桌赛的重要影响因素（当然，运气也是其中很重要的组成部分），看到我们从泡沫期的短筹码打到最后的冠军。如果说从这场比赛中可以学到一些东西，那就是你必须最大限度地在比赛后期抓住机会积累筹码。在有利的局面下，你不应该让手里的牌成为阻止你行动的原因。想进一步学习单挑技术的读者，我建议去读 Bill Chen 和 Jerrod Ankenman 所著的 *The Mathematics of Poker*，他们在书中对于单挑时的最优全下策略有精辟的分析。

谢谢大家。